Jean Louis Schlim

König Ludwig II.

König Ludwig II. von Bayern *(1864 – 1886), umgeben von*
König Maximilian I. Joseph *(1806 – 1825),* ***König Ludwig I.*** *(1825 – 1848),*
König Maximilian II. *(1848 – 1864) und* ***König Otto I.*** *(1886 – 1913)*

Jean Louis Schlim

König Ludwig II.

Sein Leben in Bildern
und Memorabilien

nymphenburger

König Maximilian II. und Königin Marie von Bayern

Schloss Nymphenburg bei München, hier wurde Ludwig am 25. August 1845 geboren

Ludwigs Geburt und Kindheit

Am 25. August 1845 wurde Prinz Ludwig in Schloss Nymphenburg geboren und auf die Namen Otto Ludwig Friedrich Wilhelm getauft. Wohl auf Drängen seines Großvaters, König Ludwigs I., wurde Ludwig zu seinem Hauptnamen. In einem überlieferten Gespräch mit dem amerikanischen Schriftsteller Lew Vanderpoole schildert der junge Ludwig seine Kindheit, die er als eine Kette demütigender Peinigungen empfand. Nicht, dass er schlechter behandelt worden wäre als andere Kinder auch, aber er empfand seine Natur als so ungleich der von anderen Kindern, dass Dinge, die andere gar nicht bemerkten, ihn hingegen zutiefst kränkten. Geselligkeit bedeutete für ihn Erniedrigung und nur eine freiwillige Isolierung konnte ihm ein bescheidenes Maß von Zufriedenheit gewähren. Für Erwachsene war das sicher leicht erreichbar – für ein Kind allerdings unmöglich. Er war gezwungen, sich dem Willen von plumpen, gefühllosen Lehrern zu unterwerfen, und so flüchtete er, wann immer es möglich war, in seine eigene Welt, eine Welt mittelalterlicher Ritter und längst untergegangener Bourbonen-Könige.

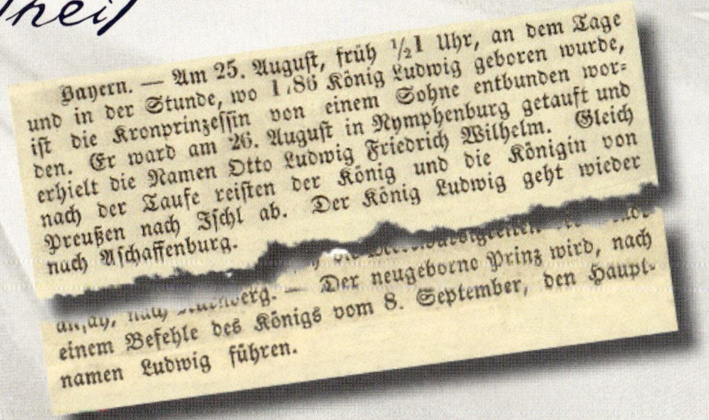

Bayern. — Am 25. August, früh 1/2 1 Uhr, an dem Tage und in der Stunde, wo 1786 König Ludwig geboren wurde, ist die Kronprinzessin von einem Sohne entbunden worden. Er ward am 26. August in Nymphenburg getauft und erhielt die Namen Otto Ludwig Friedrich Wilhelm. Gleich nach der Taufe reisten der König und die Königin von Preußen nach Ischl ab. Der König Ludwig geht wieder nach Aschaffenburg.

— Der neugeborne Prinz wird, nach einem Befehle des Königs vom 8. September, den Hauptnamen Ludwig führen.

Die Anzeigen zur Geburt und Namensfestlegung des Prinzen in den Ausgaben der Illustrierten Zeitung vom 13. September und 11. Oktober 1845

Erinnerungsmedaille auf die Taufe des Prinzen Ludwig

König Maximilian,
Prinz Ludwig und Königin Marie

In einem Gespräch im Jahr 1875 beglückwünschte König Ludwig den Kronprinzen Rudolf von Österreich, eine so durch und durch ausgezeichnete, verständnisvolle Erziehung genossen zu haben. Es sei ein Glück, dass sich der Kaiser persönlich so lebhaft für seine Ausbildung interessiert habe. Bei seinem eigenen Vater wäre dies leider ganz anders gewesen, er habe ihn immer nur „de haut en bas" behandelt und höchstens mal „en passant" einiger gnädiger, kalter Worte gewürdigt, eine harte Aussage, die Kabinettssekretär Franz von Pfistermeister jedoch bestätigte, indem er in seinen Erinnerungen feststellte, dass der König seinen beiden Söhnchen, den Prinzen Ludwig und Otto, nur mittags beim zweiten Frühstück und abends bei der Hoftafel begegnete. Meist reichte er ihnen dabei die Hand zum Gruße und empfahl sich schleunigst wieder. Auch als Kronprinz Ludwig schon fast volljährig war, kostete es viel Mühe, König Max zu bewegen, seinen ältesten Sohn auf den Morgenspaziergang im Englischen Garten mitzunehmen, was sich jedoch nur wenige Male wiederholte. Die Erklärung des Königs: „Was soll ich mit dem jungen Herrn sprechen? Es interessiert ihn nichts, was ich anrege."

Ludwigs Verhältnis zu seiner Mutter beschreibt sein Biograf Gottfried von Böhm wie folgt: „Die Eigenart der Königin Marie, die schon dem Gatten manche Schwierigkeit bereitet hatte, machte dem älteren Sohne das Zusammenleben mit ihr im Laufe der Zeit gänzlich unmöglich. War sie schon den hohen Bestrebungen des Gemahls auf geistige Erhebung seines Volkes fremd gegenübergestanden, so erschien ihr das fantastische Tun und Treiben ihres Sohnes vollends ganz unverständlich und es erging ihr, wie der hausbackenen Henne der Fabel, die kopfschüttelnd und Protest gackernd dem Flug des ausgebrüteten Schwans ins Blaue nachsehen musste ..."

König Maximilian II. und Königin Marie mit ihren Kindern, den Prinzen Ludwig und Otto, im Garten von Schloss Hohenschwangau

Ludwigs Jugend zwischen Traum und Wirklichkeit

Der Minnesänger Hildebold von Schwangau

Die Prinzen Ludwig und Otto vor Schloss Hohenschwangau

Bedingt durch eine äußerst strenge Erziehung und wenig Kontakt zu seinen Eltern waren die Kinder- und Jugendjahre für den jungen Ludwig eine wahre Qual. Wohl fühlte er sich lediglich bei seiner Erzieherin Sybilla Meilhaus und ganz besonders bei seinem Onkel Adalbert, dem jüngsten Bruder seines Vaters, einem sehr kunstsinni-

König Ludwig I. von Bayern

Nicht wenig Einfluss auf den jungen Prinzen nahm auch sein Großvater Ludwig, der 1848 zwar auf den Thron verzichtet, das Interesse am politischen Geschehen jedoch nicht verloren hatte. Besonders in seinem monarchistischen Empfinden fand der Einfluss des Großvaters auf den Prinzen eine starke Prägung.
Dass sein Enkel bereits als Kind gerne mit Bauklötzchen spielte, erfreute den Großvater als leidenschaftlichen Bauherrn ganz besonders und so berichtet er voller Stolz seinem Sohn Otto nach Griechenland: „Zu bauen liebt er, vorzüglich, überraschend, mit gutem Geschmack sah ich Gebäude von ihm ausgeführt. Ich erkenne auffallende Ähnlichkeit im künftigen Ludwig II. mit dem politisch toten Ludwig I., auch in seiner Anhänglichkeit an seine Erzieherin finde ich mich wieder ..."

gen Menschen und glühenden Verehrer der Bourbonen. Vieles in der Entwicklung des späteren Königs ist auf die Verehrung für seine Erzieherin und die tief empfundene Liebe zu seinem Onkel zurückzuführen.
In Hohenschwangau lebte Ludwig in einer Welt seiner Fantasie. Hier war er umgeben von der Aura des Mittelalters, des Schwanenrittertums und des Minnesängers Hildebold von Schwangau.
Beides, die Bourbonen im Symbol der Lilie und die Schwanenritter im Symbol des Schwans, sollten fortan sein Leben bestimmen.

Holzschwan und Baukasten, das Lieblingsspielzeug des jungen Prinzen Ludwig

Die Zuneigung, die Prinz Ludwig bei seinen Eltern so schmerzlich vermisste, fand er bei seinem Onkel Adalbert. Hier lernte er die Kunst, die Literatur, das Theater und vor allem die frühen Schriften Richard Wagners kennen, hier konnte er seine Neigungen und Interessen frei entfalten.

Auch auf Ludwigs Erziehung dürfte Prinz Adalbert großen Einfluss ausgeübt haben und seiner tiefen Abneigung gegen die Jagd und das Töten von Tieren dürfte der Einsatz seines Onkels für den Schutz der Kreatur zugrunde gelegen haben, frei nach dem Motto des Münchener Tierschutz-Vereins, dessen Mitglied Prinz Adalbert war: „Grausamkeit gegen Thiere verhärtet das Gemüth auch gegen die Menschen."

Ganz besonders weckte Prinz Adalbert beim jungen Ludwig jedoch die Begeisterung für die Bourbonen und das Gottesgnadentum.

In seinen Erinnerungen berichtet Prinz Adalberts gleichnamiger Enkel über die Freundschaft Ludwigs zu seinen Eltern und besonders zu seinen Großeltern:

„Es ist erstaunlich, dass meine Eltern in den drei ersten Jahren ihrer Ehe mit dem menschenscheuen König (Ludwig II.) so engen Kontakt bekommen haben. Das Fundament dazu dürfte schon mein Großvater (Prinz Adalbert) gelegt haben. Er war als Benjamin der Familie nämlich nicht nur das Lieblingskind seines Vaters Ludwig I. gewesen, sondern auch der Lieblingsonkel des zweiten Ludwig. Vielleicht hat seine Verbindung mit einer Infantin aus dem Hause Bourbon dazu beigetragen und die gemeinsame Schwärmerei für die Bourbonischen Lilien. Jedenfalls gehörten die vielen Bände der Memoiren Saint Simons zur Lieblingslektüre von Onkel und Neffe. Auch die Freude an goldenen Kutschen und sonstiger höfischer Pracht des Ancien Régime war ihnen gemeinsam …

Es gab noch mehr Übereinstimmungen zwischen Onkel Adalbert und Neffe Ludwig, fantastische Luftschlösser zum Beispiel. Auch für Theater und Musik schwärmten sie. Mein Großvater sang Bass und trat auch in der Liebhaberaufführung einer Oper von Mercadante in der Residenz auf …"

Prinz Adalbert von Bayern (1828–1875)

Aus dem Hofzeremoniell der von den Prinzen Adalbert und Ludwig verehrten Bourbonen: „Grand-Lever", die erste Audienz am Morgen vor König Ludwig XIV. in Versailles

Ludwigs ständiger Begleiter, „Das betende Jesuskind", ein Geschenk seines Onkels Adalbert

Die Industrie-Ausstellung in München

Diese erste Münchner Industrieausstellung war es wohl auch, die im jungen Prinzen Ludwig das Interesse an der Entwicklung der modernen Technik weckte, die er dann später so leidenschaftlich zur Erfüllung seiner Träume einzusetzen wusste.

Blick in den Innenraum der Ersten Allgemeinen Ausstellung deutscher Industrie- und Gewerbeerzeugnisse 1854 in München

König Maximilian II., Königin Marie und die Prinzen Ludwig und Otto um 1858

Als fortschrittlicher Monarch sah es König Maximilian II. als eine seiner wichtigsten Aufgaben an, aus dem Agrarland Bayern einen modernen Industriestaat zu machen. Hierzu fand 1854 die „Erste Allgemeine Ausstellung deutscher Industrie- und Gewerbeerzeugnisse“ in München statt, deren Leistungsvergleich als Herausforderung und Ansporn für die heimische Industrie und das Handwerk dienen sollte. König Maximilian II. selbst eröffnete die Ausstellung mit den Worten:
„In der Blüte der Industrie liegt die Kraft und der Wohlstand eines Volkes, und Wir haben deshalb dem heutigen Tage, der die Zeugnisse von dem deutschen Wohlstande und der deutschen industriellen Kraft geben wird, mit Vergnügen entgegengesehen; in der Einheit Deutschlands liegt dessen gewaltige Macht und nur durch diese ist dieses große Werk zustande gekommen, von dem Wir hoffen, dass es nutzbringend für das Vaterland sein werde; möge der Segen des Himmels auf dem Gebäude, das diese Schätze in sich birgt, ruhen!“

Kronprinz Ludwig großjährig

Kronprinz Ludwig im Kreise seiner Familie

Berchtesgaden, in dessen Schloss Kronprinz Ludwig zu seiner Großjährigkeit den Eid auf die Verfassung ablegte

Am 25. August 1863 wurde Kronprinz Ludwig großjährig, was die Familie mit einem festlichen Tag beging. Dieses Ereignis beschrieb er wenige Tage später in einem Brief an seine Erzieherin Sybilla Meilhaus und fügte stolz hinzu, dass er, nachdem er nun volljährig sei, zum ersten Male in München allein ausgehen durfte, was ihn sehr unterhalten habe. Über seine Zukunft allerdings machte er sich noch keine großen Gedanken, nur dass er demnächst den Eid auf die Verfassung schwören werde und dann wohl anschließend eine Universität besuchen müsse. Doch es sollte alles anders kommen, am 20. September legte er in Berchtesgaden den Eid auf die Verfassung ab und bereits ein halbes Jahr später, am 11. März 1864, war er König von Bayern.

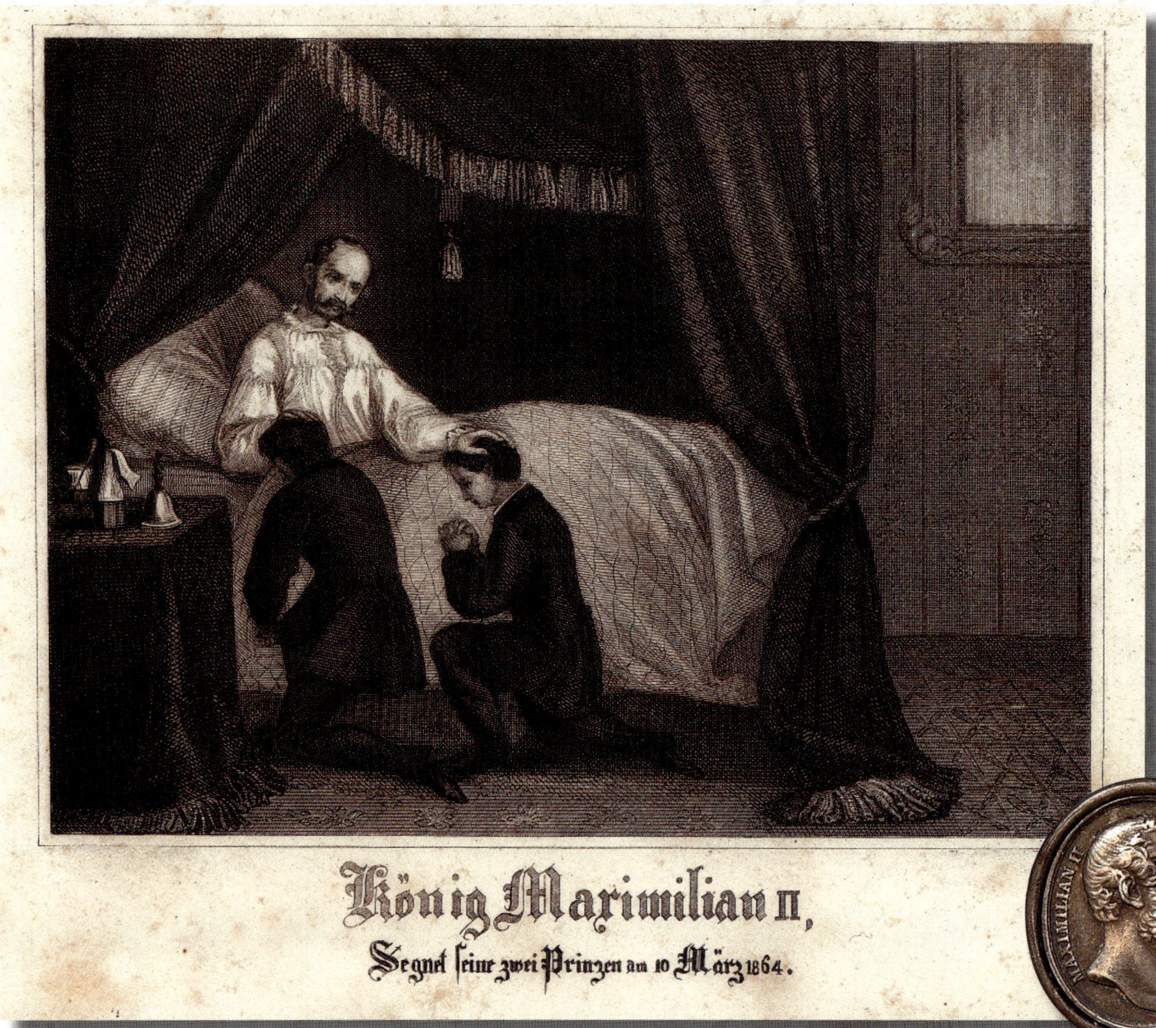

Silbermedaille auf den Tod König Maximilians II.

Der König ist tot, es lebe der König!

Nach kurzer, beunruhigender Krankheit wurde König Maximilian II. am 9. März 1864 immer schwächer und bereits einen Tag später sahen die Ärzte keine Hoffnung mehr auf Besserung. Gefasst nahm der König die heiligen Sterbesakramente entgegen, segnete seine beiden Söhne und sprach noch einige Worte mit dem Kronprinzen. Kurz vor Mitternacht verstarb er. Erzbischof Gregorius von Scherr, der am Sterbelager weilte, trat ins Vorzimmer hinaus und verkündete mit fester Stimme: „Der König ist tot, er lebt nun im Himmel! Wir haben einen guten König verloren, beten wir, dass wir einen ebenso guten an seinem Sohn erhalten!"

König Maximilian II. wurde in der Hofkapelle aufgebahrt, von wo aus er am 14. März zur feierlichen Beisetzung in einer Seitenkapelle der Theatinerkirche St. Kajetan überführt wurde.

Aufbahrung König Maximilians II. in der Hofkapelle der Münchener Residenz

Die Ausrufung König Ludwigs II. von Bayern durch den Reichsherold

Erinnerungsmedaille auf die Thronbesteigung König Ludwigs II.

König Ludwigs Thronbesteigung

Bereits am darauf folgenden Tag verkündete der Reichsherold, begleitet von Hoftrompetern in mittelalterlichen Kostümen, den Regierungsantritt Ludwigs als neuen König von Bayern, der am gleichen Tag im Staatsratszimmer der Residenz vereidigt wurde. Mit knapp neunzehn Jahren, in einem Alter, in dem normal ein Jugendlicher die Universität besucht, war er nun Bayerns König.
In seiner Thronrede bat der jugendliche Monarch den allmächtigen Herrn, der seinen teueren und viel geliebten Vater von dieser Erde abberufen hatte, um Beistand: Er möge ihm Licht und Kraft senden, seine große und schwere Aufgabe zu erfüllen, treu dem Eid, den er auf die durch ein halbes Jahrhundert bewährte Verfassung geleistet hatte. Seines geliebten Bayerns Wohlfahrt und Deutschlands Größe erklärte er zu den Zielpunkten seines Strebens und so schloss er seine Rede mit dem Aufruf an alle, ihn in seinen inhaltsschweren Pflichten zu unterstützen.

König Ludwig II. bei seiner Thronrede im Thronsaal der Residenz in München

In seinem Tagebuch beschreibt Justizminister Eduard von Bombard den jungen Monarchen als neunzehnjährigen Jüngling, übergossen vom Reiz jugendlicher Schönheit und mit wahrhaft prachtvollen Augen voller Geist und Seele. Auffallend fand er allerdings bei einer ersten Unterredung, dass Ludwig zuweilen ein etwas „finsteres Wesen" annahm, und, so fügte er hinzu, sollten zwei Naturen in dem Jüngling keimen, so möge doch mit Gottes Hilfe die gute den Sieg davontragen. Auch der Theologe Ignatz von Döllinger beschrieb den jungen König als geistig begabter als sein Vater, gutmütig und tief religiös, zuweilen jedoch zu stiller, einsamer Zurückgezogenheit neigend. Zugleich sei er sehr eifersüchtig auf seine Königsmacht, hierin seinem Großvater, dem ehemaligen König Ludwig I. sehr ähnlich, eine Beschreibung, die sich auch in einem äußerst kritischen Urteil

Taler, Gulden und Kreuzer, die Münzen aus den ersten Regierungsjahren König Ludwigs II. Nach der Reichsgründung von 1871 wurden sie durch eine neue deutsche Reichswährung ersetzt

Das offizielle Porträt des Königs in der deutschen Presse

Genaue Abbildungen des
Koeniglich Bayerischen Majestaets-Wappen
und der Koeniglich Bayerischen
hohen Ordens-Dekorationen
Orden des heiligen Hubertus
Orden vom heiligen Georg
Militärischer Max-Joseph-Orden
Civil Verdienst Orden der bayerischen Krone

König Ludwig II. erteilt den Ritterschlag in der Hofkapelle

König Ludwig II. im Ornat des Ordens vom heiligen Georg

des österreichischen Gesandten Gustav Graf Blome niederschlug. So fand dieser, dass in Ludwigs Erziehung das Herz wohl am meisten vernachlässigt wurde, was sich beim jungen Monarchen in bedenklicher Weise durch ein übertriebenes Selbstgefühl, Eigenwilligkeit und gar Rücksichtslosigkeit geltend machen würde. Von politischen Dingen und besonders von Fragen der Gegenwart wüsste Ludwig weniger, als es bei seinem jugendlichen Alter zu erwarten wäre, und so habe ihm die Natur wohl mehr Einbildungskraft als Verstand gegeben.

Den Regierungsgeschäften widmete sich der junge König mit dem größten Eifer, doch führte seine schüchterne Höflichkeit dazu, dass er von seinem Ministerium gehörig unterschätzt wurde. Man hatte sich schnell verständigt, seine Befehle zu ignorieren und ihm dafür die eigene Meinung aufzuzwingen. Doch souverän reagierte Ludwig mit einem Ministerwechsel. Liberale Beobachter, wie der Abgeordnete Graf Hegen-

Kapitelsitzung des Ordens vom heiligen Georg im Audienzsaal der Reichen Zimmer

berg-Dux, merkten beunruhigt, wie der König „die Wonne des göttlichen Königtums" zunehmend zu genießen begann. Seit 1848 war die monarchische Herrschaft zwar durch ein Staatsgrundgesetz beschränkt worden, was jedoch einige Regierungsbeamte nicht hinderte, Ludwig in seinem hochschießenden Drang nach völliger Souveränität mit allen Kräften zu unterstützen.

Am glücklichsten fühlte sich der junge König an den Tagen der Hochfeste des Ordens vom heiligen Georg, die mit großem Pomp in der Münchener Residenz gefeiert wurden. An solchen Tagen wurde die Welt der Ritter für ihn lebendig, konnte sich sein Majestätsbewusstsein voll entfalten.

Festbankett des Ordens vom heiligen Georg im Georgsaal der Residenz

Eine Idylle auf der Roseninsel

Große Menschenansammlungen waren dem König von Kind an zuwider und so mied er diese, wann immer es ihm möglich war. Bei vielen öffentlichen Anlässen ließ er sich daher von seinem Onkel Adalbert vertreten, der selbst immer von der Königswürde geträumt hatte und diese mit Freuden wahrnahm. Bei einigen Festlichkeiten allerdings war die persönliche Anwesenheit des Königs unumgänglich, so bei der Parlamentseröffnung, der Fronleichnamsprozession oder auch, zumindest in den ersten Jahren seiner Regierungszeit, der Eröffnung des Münchner Oktoberfestes. War dann der offizielle Teil der Feier vorbei, zog sich der König wieder in seine eigene Welt zurück, wobei die Roseninsel im Starnberger See zu einem seiner Lieblingsaufenthalte gehörte. Hier, inmitten von Tausenden Rosen, konnte er sich fernab protokollarischer Zwänge seiner geliebten Lektüre hingeben. Zu den wenigen Gästen, die er auf der Roseninsel empfing, gehörte vor allem Kaiserin Elisabeth von Österreich, die er sehr schätzte und mit der er eine leidenschaftliche Seelen-Korrespondenz führte.

So manche Anekdote weiß die Überlieferung über Ludwig und die Roseninsel zu berichten, so auch, dass ihn einmal einer seiner Diener in vollem Indianerkopfschmuck überraschte: Er las gerade den Roman „Der letzte Mohikaner". Dass er bei seiner Maskerade erwischt würde, war nicht geplant.

„Doppel-E" mit Habsburger Kaiserkrone, silberne Geschenkbrosche der Kaiserin Elisabeth

König Ludwig bei der Lektüre des Romans „Der Letzte Mohikaner"

Die von König Maximilian II. erbaute kleine Villa auf der Roseninsel

König Ludwig II. und sein Bruder Otto auf dem Münchner Oktoberfest

Erinnerungsmedaille auf den ersten Oktoberfestbesuch König Ludwigs II.

Wenn Ludwig auch die Einsamkeit liebte, so war er doch durchaus kein Asket und den Genüssen des Alltags nicht abgeneigt. Ob in der Residenz oder auf einsamer Bergtour, die kulinarischen Feinheiten der Hofküche waren immer dabei und zum Lesen eines guten Buches liebte er stets einen guten Tropfen und vor allem eine Zigarette seiner sächsischen Lieblingsmarke „Laferme", von denen sich bis heute sogar einige erhalten haben.

„Die letzten Cigaretten aus dem Etui des Königs Ludwig II. von Bayern, Berg 6/VII.86", die Prinz Alfons von Bayern an sich nahm und die bis heute überdauert haben

Das Markenzeichen der Firma Laferme, der Lieblingszigarettenmarke König Ludwigs II., war ein Elefant

Der König mit Zigarette

Eine phrenologische Begutachtung

Kurz nach der Thronbesteigung Ludwigs II. befasste sich die Illustrierte Zeitung „Über Land und Meer" in einem längeren Beitrag mit der Studie der phrenologischen Übereinstimmung zwischen Kopfgestalt und Charakter des Menschen. Eines der Hauptargumente für einen ernsten Hintergrund dieser Studie lautete: „So wie es keinen Menschen gibt, welcher ohne Augen sieht, so kann es z. B. keinen Menschen geben, welcher mit kleinem Vordergehirn ein großer Denker ist", wobei allerdings eingeräumt wurde, dass auch die Unregelmäßigkeiten der Dicke der Hirnschale, der Einfluss der Erziehung und des Temperamentes auf den Charakter in die Betrachtung einzubeziehen sind.

Unter den neun angegebenen Beispielen befand sich auch der junge bayerische König mit folgender phrenologischer Charakterisierung:

„Beim König von Bayern ist die obere Stirne stark entwickelt, etwas stärker als die untere; der König ist mehr subjektiv als objektiv, er denkt mehr als er beachtet. Vor allem aber zeigt seine „Idealität" (an den oberen Schläfen) eine ungewöhnlich starke Entwicklung. Der Sinn für Ideales ist ein Hauptzug im Charakter des Königs und wird es darum durchs ganze Leben bleiben. Der König wird sich glücklich fühlen und schwärmen in seinen Ideen für alles Gute, Edle, Schöne, doppelt glücklich als Fürst, da er so vieles zur Verwirklichung seiner Ideen zu thun vermag; unglücklich dadurch, dass er im Vergleich zu seinen idealen Wünschen und Hoffnungen wenig in der Wirklichkeit erreichen wird. Er wird das Schlechte, Niedrige, Gemeine der Menschen niemals begreifen und doch einen ständigen Kampf dagegen zu führen haben. Er wird zu den bevorzugten Sterblichen gehören, welche immer, bis ins späte Alter, jung bleiben."

Interessant ist, dass einige der Charakterzüge stimmten, dabei hatte sich der Schreiber wohl die ersten Presseberichte über den jungen König zunutze gemacht.

König Ludwig und Richard Wagner

Am 2. Februar 1861 durfte der damals fünfzehnjährige Ludwig zum ersten Male den „Lohengrin" in der Münchener Oper sehen. Die ganze Sagenwelt, die er bisher nur aus Büchern und von den Wandgemälden in Schloss Hohenschwangau kannte, wurde nun für ihn lebendige Wirklichkeit.

Bereits kurze Zeit nach seiner Thronbesteigung 1864 schickte er den Kabinettsekretär Pfistermeister auf die Suche nach Richard Wagner. Mit dem Porträt des Königs solle er ihm einen Rubinring übergeben – denn so wie dieser Rubin glühe auch Ludwig vor Verlangen, den Schöpfer des „Lohengrin" kennen zu lernen. Pfistermeister fand Wagner auf der Flucht vor seinen Gläubigern in der Schweiz.

Am 4. Mai 1864 konnte Ludwig dann endlich in das zerfurchte Antlitz Wagners blicken, eine Erscheinung, die den König etwas enttäuschte, auch auf die sächselnde Stimme war er nicht gefasst. Gleichwohl lud er den Meister ein, in München zu bleiben, übernahm die Tilgung seiner Schulden und stellte ihm genügend Geld zur Verfügung, um, unbehelligt jeglicher finanzieller Sorgen, sein Werk zur Vollendung zu bringen.

Wie betäubt erlebte Wagner dieses von Ludwig geförderte Leben, doch bangend schrieb er, den König schildernd:

Richard Wagner in seiner Münchener Zeit

„... Er ist leider so schön und geistvoll, seelenvoll und herrlich, dass ich fürchte, sein Leben müsse wie ein flüchtiger Göttertraum in dieser gemeinen Welt zerrinnen ... Mein Glück ist so groß, dass ich ganz zerschmettert davon bin, wenn er nur leben bleibt, es ist ein zu unerhörtes Wunder."

Illustration der deutschen Presse zur Uraufführung der Oper „Tristan und Isolde" am 10. Juni 1865

München wird für kurze Zeit zur Wagner-Stadt. Nach einer musterhaften Erstaufführung des „Fliegenden Holländers" im Dezember 1864, mit der sich Wagner mit großem Erfolg beim Münchener Publikum einführte, folgte am 10. Juni 1865 die Uraufführung von „Tristan und Isolde", die zu einem Triumph Richard Wagners wurde.

Aus diesem Mäzenatentum heraus entschloss sich Ludwig, für die Werke des bewunderten Meisters ein neues, monumentales Theater in München zu erbauen. Gleich dem Maximilianeum sollte es, durch eine Auffahrtsallee mit der Residenz verbunden, auf den Isarhöhen entstehen. Doch wurden die Finanzierung Wagners und die Kosten für ein neues Theater dem Kabinett und der Stadt zu hoch. Ludwigs königliche Macht reichte zur Durchsetzung des Projektes nicht aus und so musste er am Ende verzichten. Seit dieser bitteren Enttäuschung zu Beginn seiner Regierung empfand Ludwig nur noch tiefe Abneigung für seine Residenzstadt München.

Doch auch Wagner lernte die Münchner kennen. Intrigen, Missgunst auf seinen herrschaftlichen Lebensstil und nicht zuletzt die Tatsache, dass er auch versuchte, politisch auf den jungen König Einfluss zu nehmen, führten zu einer beispiellosen Kampagne gegen ihn und am Ende zu seiner Verbannung aus München. Wagner ließ sich in Triebschen am Vierwaldstätter See nieder, für König Ludwig, der bereits 1865 diese Gegend bereist hatte, eine gute Gelegenheit, mit einem Besuch bei Richard Wagner erneut in die ihm so lieb gewordene Bergwelt des Wilhelm Tell zu reisen.

Aus Dankbarkeit für die Freundschaft und finanzielle Unterstützung komponiert Richard Wagner dem König 1864 als Geburtstagsgruß einen Huldigungsmarsch

Richard Wagner klopft bei der Kabinettskasse an mit der Bitte um neue Gelder zur Finanzierung seiner Werke

Karikatur im Wiener Floh auf die bereits in München gepflegten und später immer wieder aufkeimenden politischen Ambitionen Richard Wagners

König Ludwig II., Richard Wagner und der Architekt Gottfried Semper vor dem Modell des geplanten Münchener Festspielhauses

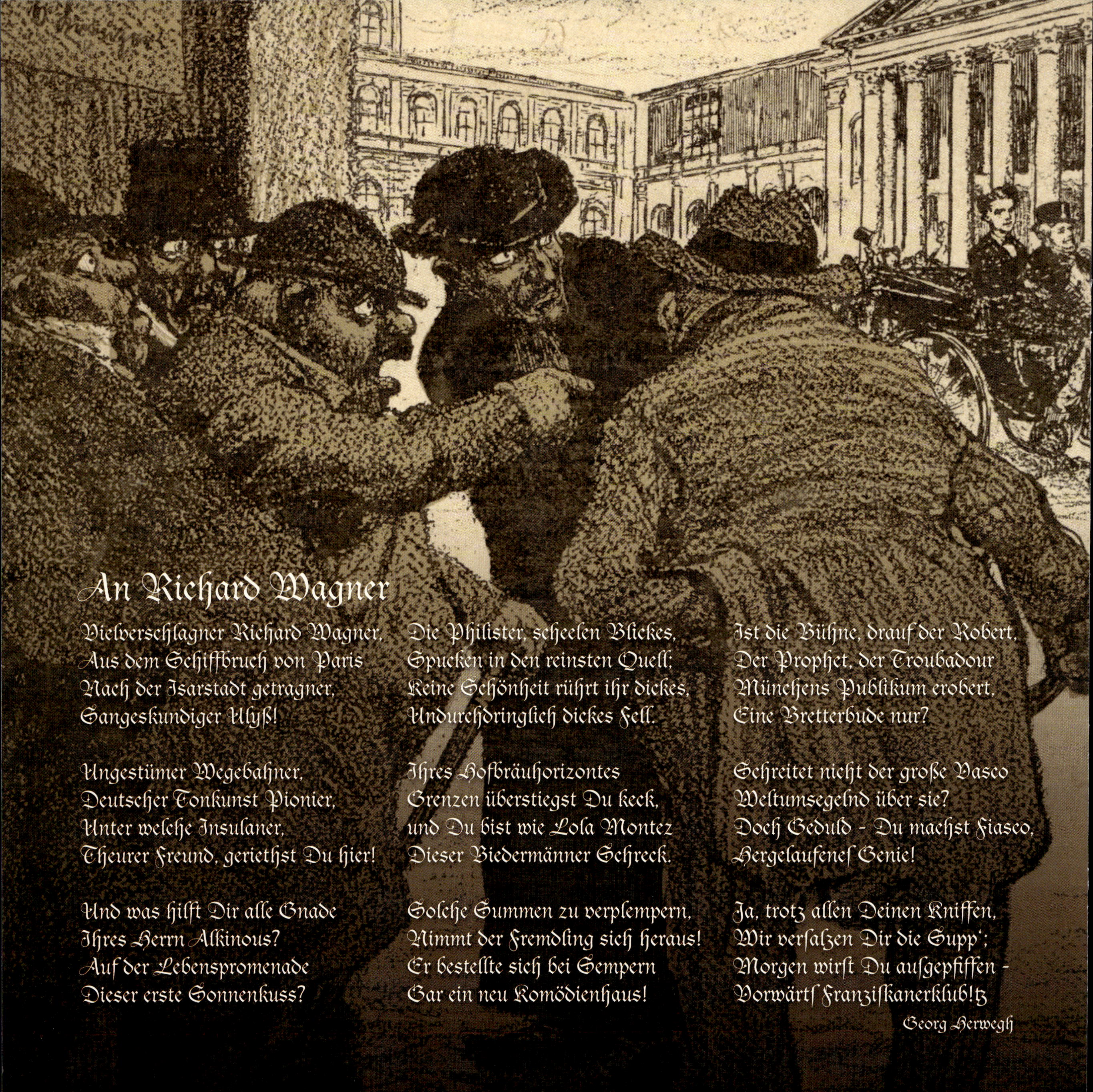

An Richard Wagner

Vielverschlagner Richard Wagner,
Aus dem Schiffbruch von Paris
Nach der Isarstadt getragner,
Sangeskundiger Ulyß!

Ungestümer Wegebahner,
Deutscher Tonkunst Pionier,
Unter welche Insulaner,
Theurer Freund, geriethst Du hier!

Und was hilft Dir alle Gnade
Ihres Herrn Alkinous?
Auf der Lebenspromenade
Dieser erste Sonnenkuss?

Die Philister, scheelen Blickes,
Spucken in den reinsten Quell;
Keine Schönheit rührt ihr dickes,
Undurchdringlich dickes Fell.

Ihres Hofbräuhorizontes
Grenzen überstiegst Du keck,
und Du bist wie Lola Montez
Dieser Biedermänner Schreck.

Solche Summen zu verplempern,
Nimmt der Fremdling sich heraus!
Er bestellte sich bei Sempern
Gar ein neu Komödienhaus!

Ist die Bühne, drauf der Robert,
Der Prophet, der Troubadour
Münchens Publikum erobert,
Eine Bretterbude nur?

Schreitet nicht der große Vasco
Weltumsegelnd über sie?
Doch Geduld - Du machst Fiasco,
Hergelaufeneſ Genie!

Ja, trotz allen Deinen Kniffen,
Wir verſalzen Dir die Supp';
Morgen wirſt Du auſgepfiffen -
Vorwärtſ Franziſkanerklub!tz

Georg Herwegh

Das Haus Triebschen bei Luzern am Vierwaldstätter See, Wagners Exil in der Schweiz

Auch weiterhin förderte König Ludwig II. das Werk Richard Wagners, wenn auch die persönlichen Begegnungen immer seltener wurden

Die „König-Ludwig-Stube" im Hotel Rössli in Brunnen zur Erinnerung an den dortigen Aufenthalt des Königs im Jahre 1867

Die Zeichnung „Vorwärts Franziskanerklub" von Arpad Schmidhammer und das Gedicht von Georg Herwegh illustrieren besser als jede noch so ausführliche Schilderung die missgünstige Stimmung, der sich König Ludwig II. und Richard Wagner 1866 in München ausgesetzt sahen

Kleine Lohengrinfigur als Siegel-Petschaft

Presse-Illustration zur Münchener „Lohengrin"-Aufführung von 1867, dessen Bühnenbild sich in der späteren architektonischen Planung von Schloss Neuschwanstein wiederfindet

Der zweite Aufzug der Münchener Uraufführung der „Meistersinger von Nürnberg" in einer Presse-Illustration von 1868

Nach Wagners Weggang aus München erlebte die Stadt auch in den folgenden Jahren Höhepunkte seines Schaffens. Bereits 1867 kommt es zu einer neuen, auf lange Jahre hinaus mustergültigen Inszenierung des „Lohengrin", dessen Bühnenbild sich sogar in der späteren architektonischen Planung von Schloss Neuschwanstein wiederfindet. Es folgen neben den vielen regulären Aufführungen drei weitere Uraufführungen:

Am 21. Juni 1968 „Die Meistersinger von Nürnberg", am 22. September 1869 „Das Rheingold" und am 26. Juni 1870 „Die Walküre". Das Rheingold und die Walküre fanden ihre Uraufführung in München allerdings gegen den Willen Richard Wagners, der sein Werk lieber als Gesamtkunstwerk in Bayreuth uraufgeführt gesehen hätte.

Illustration der Illustrierten Zeitung 1869 zur Uraufführung des „Rheingold" in München

Der Walkürenritt, Illustration der Illustrierten Zeitung zur Uraufführung der „Walküre" 1870 in München

König Ludwig II. in Generalsuniform des bayerischen Heeres, 1864

Fürstentreffen in Bad Kissingen

Im Sommer 1864 reiste König Ludwig II. nach Bad Kissingen, wo sich alljährlich der europäische Hochadel zur Kur einfand. Am 18. Juni erreichte er in Begleitung seines Bruders Otto und eines Hofstaats von achtundzwanzig Personen den Kurort. Anwesend waren Kaiser Franz-Joseph und Kaiserin Elisabeth von Österreich, Zar Alexander II. und Zarin Maria Alexandrowna von Russland und das württembergische Königspaar.
Da Ludwig eigentlich nur ein paar Tage bleiben wollte, den Aufenthalt dann doch bis zum 15. Juli ausdehnte, kursierten in der Presse die wildesten Gerüchte. Da er besonders oft in Begleitung der Kaiserin von Österreich gesehen wurde, vermuteten die einen eine geheime Liebe zu der um acht Jahre älteren Elisabeth aus Österreich, andere sahen in den Begegnungen mit dem russischen Kaiserpaar die Anbahnung einer Hochzeit des Königs mit Marie, der damals erst elfjährigen Tochter des Paares. Doch keines der Gerüchte sollte sich bestätigen. Ludwig genoss einfach nur die erholsame Zeit nach den doch sehr aufregenden Tagen seiner Thronbesteigung in München.

Das Kaiserpaar von Österreich

Fürstentreffen in Bad Kissingen, König Ludwig mit Zylinder im Gespräch mit der Zarin, davor deren Tochter Marie, rechts davon der Zar von Russland im Gespräch mit Kaiserin Elisabeth und dahinter Herzog Max in Bayern. Ganz links im Bild ein Irish Setter, vermutlich Shadow, der Lieblingshund der Kaiserin Elisabeth

Das Kaiserpaar von Russland

Die Gewächshäuser im Schlosspark von Biebrich

Herzog Adolph von Nassau (1817–1905)

Ludwigs Rheinfahrt

Nach einem kurzen Aufenthalt in Schloss Berg am Starnberger See brach Ludwig zu einer erneuten Reise auf. Nach einer kurzen Visite bei der russischen Zarenfamilie, die sich zur Nachkur in Bad Schwalbach aufhielt, führte ihn sein Weg an den Rhein, wo er das am Flussufer gelegene Landhaus aufsuchte, in dem Richard Wagner 1862 mit dem Komponieren der „Meistersinger" begann. Unmittelbar neben dieser Stätte lag Schloss Biebrich, der Sommersitz der Herzöge von Nassau. Selbstverständlich besuchte er Herzog Adolph, einen Vetter seines Vaters. Nach dem verlorenen Krieg von 1866 und dem Verlust seines Landes ließ sich Herzog Adolph auf Schloss Hohenburg in Bayern nieder. In der Vorderriß waren die beiden Fürsten fortan Nachbarn, was in den folgenden Jahren zu einer engen Freundschaft führte.

Das Biebricher Landhaus, in dem Richard Wagner mit dem Komponieren der „Meistersinger" begann

Im Schlosspark von Biebrich besaß Herzog Adolph herrliche Gewächshäuser, von denen Ludwig so sehr begeistert war, dass in ihm der Wunsch reifte, sich in München eine ähnliche Konstruktion als Wintergarten einrichten zu lassen.
Über Köln, wo er die Dom-Baustelle besuchte, und einen Abstecher nach Frankfurt ins Goethehaus kehrte er auf sein Schloss Hohenschwangau zurück.

Der deutsche Bruderkrieg von 1866

Preußens Kanzler, Fürst Otto von Bismarck

Attacke bayrischer Kürassiere auf preußische Infanterie bei Hünfeld

Ministerpräsident Ludwig Freiherr von der Pfordten, der bereits als Gegner Richard Wagners unangenehm aufgefallen war, musste nun die Verantwortung für die Niederlage auf sich nehmen und zurücktreten. An seine Stelle trat der eher preußenfreundliche Fürst Clodwig von Hohenlohe-Schillingsfürst als Ministerpräsident von Bayern

Völlig unvorbereitet, wie ein Blitz aus heiterem Himmel, wurde Ludwig II. 1866 von der Kriegserklärung Preußens gegen Österreich getroffen. Bismarck hatte diesen Krieg herbeigeführt, um das jahrhundertelange Ringen Preußens und Österreichs um die Hegemonie in Deutschland endgültig für Preußen zu entscheiden. Getreu seinem Bündnis-Eid stellte sich der junge König, zusammen mit Herzog Adolph von Nassau und einigen weiteren Fürsten, auf die Seite der Habsburger.

Mit der Niederlage Österreichs bei Königgrätz war dann auch das Schicksal der mit ihm verbündeten Fürsten entschieden: Viele, wie auch Herzog Adolph von Nassau, verloren ihre angestammten Länder, Bayern hatte Glück und hatte lediglich den Verlust zweier Bezirksämter sowie die Zahlung einer Kriegsentschädigung zu beklagen. Ein Schutz- und Trutzbündnis aber sollte das Königreich in Zukunft noch fester an Preußen binden. Damit hatte Ludwig zumindest einen Teil seiner Souveränität verloren.

Monogramm-Petschaft des jungen Königs

Die Kaiserburg in Nürnberg auf einem Holzstich um 1865

Historische Postkarten vom Festsaal und dem Wohnzimmer der Nürnberger Kaiserburg in ihrer von König Maximilian II. eingerichteten neugotischen Ausstattung

Reise nach Franken

Ludwig litt sehr darunter, dass er durch den ihm aufgezwungenen und von ihm mit Sicherheit nicht gewollten Krieg gegen Preußen einige seiner souveränen Rechte aufgeben musste. Sogar eine Abdankung zog er in Erwägung, was sicher einige seiner Politiker begrüßt hätten. Wagner allerdings, dem er diese Gedanken ebenfalls mitteilte, beschwor ihn, auf keinen Fall die Krone niederzulegen, eine Haltung sicher nicht ohne Eigennutz, denn was hätte ihm ein abgedankter König ohne Zugriff auf die Kabinettskasse noch genützt?

Ludwig blieb auf dem Thron und entschloss sich sogar zu einer Reise in das vom Krieg besonders in Mitleidenschaft gezogene Franken. Diese Reise wurde zu einem wahren Triumphzug. Begeistert von der Stadt Nürnberg und ihrer mittelalterlichen Kaiserburg, erwog Ludwig sogar, eventuell seine Residenz hierher zu verlegen. Doch die Tatsache, die Kaiserburg als ehemaligen Sitz der römischen Kaiser deutscher Nation mit dem König von Preußen und anderen teilen zu müssen, ließ ihn diese Gedanken schnell wieder vergessen.

Historische Postkarte von Schloss Berg mit dem Starnberger See und dem Alpenpanorama

König Ludwig am Tisch seines Wohnzimmers in Schloss Berg nach einem Aquarell von Heinrich Brehling

Schloss Berg am Starnberger See

1640 von Freiherr Hans Friedrich Hörwarth erbaut, kam Schloss Berg 1676 durch Kauf in den Besitz des Hauses Bayern. Seine Glanzzeit erlebte das Schloss in der Zeit der Kurfürsten Max-Emanuel und Karl-Albrecht im frühen 18. Jahrhundert. König Maximilian II., der sich oft mit seiner Familie in Berg aufhielt, ließ das Schloss von 1849 bis 1851 in neugotischem Stil umbauen und die Außenfassade durch Zinnen und vier Ecktürme ergänzen, denen König Ludwig noch einen fünften, den das Schloss überragenden Bergfried hinzufügte. Diesen Turm nannte der König „Isolde", als Gegenstück zu seinem Dampfer „Tristan", mit dem er über den Starnberger See fuhr. Das Innere von Schloss Berg ließ er unverändert, lediglich Figuren und Aquarelle mit Szenen aus den Opern von Richard Wagner zierten die Wände.

Gehörte Schloss Berg zeitlebens zu den Lieblingsaufenthalten des Königs, so sollte es am Ende seiner Tage zu seinem Schicksalsschloss werden. Hier wurde der König nach seiner Absetzung 1886 interniert und hier fand er wenige Tage später seinen Tod in den Fluten des Starnberger Sees.

Historische Postkarten vom Wohnzimmer, Arbeitszimmer und Schlafzimmer des Königs in Schloss Berg

Das offizielle Verlobungsbild König Ludwigs II. mit Herzogin Sophie Charlotte in Bayern

Elsa und Heinrich

Völlig überraschend vernahm im Frühjahr 1867 das bayerische Volk die Nachricht von der Verlobung seines Königs mit Sophie Charlotte, Tochter des Herzogs Max in Bayern und Schwester der Kaiserin Elisabeth von Österreich. Die beiden, die sich seit ihrer Kindheit kannten, verband vor allem die gemeinsame Liebe zu Literatur und Musik. Doch reichte das aus zur Verlobung? Ludwigs Biograf, Gottfried von Böhm, stellte fest, dass diese Verlobung wohl eher ein Akt voller Unüberlegtheit gewesen war, vielleicht sogar lediglich eine Äußerung jugendlicher Schwärmerei, schließlich hatten die damals besten Freunde des Königs, Fürst Taxis und Graf Holnstein, ebenso eines Abends beschlossen zu heiraten, und aus „lauter Gesellschaft", wie es Böhm so trefflich formulierte, wollte sich Ludwig ihnen wohl anschließen.

Wie aus dem Briefwechsel mit Herzogin Sophie ersichtlich, in dem sie sich liebevoll Elsa und Heinrich nach Figuren aus Wagners Oper „Lohengrin" nannten, hatte Ludwig Sophie seiner ganzen Zuneigung versichert, einer Liebe „wie zu einer Schwester", sodass seine Bedenken gegen eine Heirat, die er ihr gegenüber oft geäußert hatte, sie wohl anfangs nicht überraschten. Doch die Vorbereitungen nahmen ihren Lauf, der Druck zur Festlegung eines Hochzeitstermins wurde immer stärker, und als Herzog Max den König ultimativ aufforderte, die Hochzeit nun nicht länger aufzuschieben, war der Skandal perfekt. So überraschend wie sich Ludwig einst zu seiner Verlobung entschlossen hatte, so überraschend entschloss er sich nun zur Auflösung derselben. Im letzten Brief an seine Braut erklärte er ihr, dass er nun genügend Zeit gehabt hatte, sich zu prüfen, und feststellen musste, dass er zwar innige Bruderliebe zu ihr empfinde, nicht aber die Liebe, die wohl eine Ehe erfordere.

In liebenswürdiger Weise bat er um Fortdauer ihrer Freundschaft, Sophie möge ihm ihr Wort ohne Groll und Bitterkeit zurückgeben; die Andenken an ihn durfte sie aber behalten.

Bei allem Entsetzen war doch diese Entwicklung bereits im Briefwechsel der beiden ablesbar: Ludwig war nie „Lohengrin", der Geliebte seiner Braut „Elsa", sondern „Heinrich", ihr Beschützer!

Erinnerungsmedaille auf die Hochzeit von König Ludwig mit Herzogin Sophie Charlotte

Ein Medaillon, der Hochzeitsrosenkranz, Fotos, zwei gestickte Taschentücher und die Verlobungstasse, stumme Erinnerungen aus dem Nachlass der Herzogin Sophie Charlotte an ihre Verlobungszeit mit König Ludwig II.

Reise zur Wartburg

Entwurfzeichnung zum Wiederaufbau der Wartburg

König Ludwig II. und sein Bruder Prinz Otto in der Zeit um 1867

Wohnraum der Großherzogin auf der Wartburg

Der Festsaal der Wartburg

Auf Richard Wagners Spuren reisten König Ludwig II. und sein Bruder Otto Ende Mai 1867 für drei Tage zum Originalschauplatz der Tannhäuser-Sage auf der Wartburg in Eisenach. Ausführlich ließ sich Ludwig die einzelnen Räume zeigen. Er war so sehr begeistert, dass er sich entschloss, in Hohenschwangau, an der Stelle der alten Burgruine Vorderhohenschwangau, sich auch eine solche Ritterburg erbauen zu lassen. Bereits ein Jahr später wurde der Grundstein zu seiner neuen Burg Schwanstein gelegt, in deren Innenräumen nicht nur der Festsaal, sondern auch im Wohnbereich des Königs viele Details der Wartburg übernommen wurden. Mit einem Eintrag unter dem 31. Mai ins Gästebuch beendeten sie ihren Besuch.

Am darauf folgenden Tag bestiegen die beiden Brüder den Hörselberg, in dem laut Wagner der arme Tannhäuser bei Frau Venus schmachten musste. Dann ging die Fahrt zurück nach München.

Reise nach Paris

Im Juli 1867, mitten in den Vorbereitungen zur geplanten Hochzeit mit Herzogin Sophie, besuchten der ehemalige König Ludwig I. und sein Enkel Ludwig II. die Internationale Weltausstellung in Paris. Der inzwischen 81 Jahre alte erste Ludwig war wohl vor allem wegen des gesellschaftlichen Ereignisses in die französische Hauptstadt gereist, da er fühlte, dass sich sein Lebensweg langsam dem Ende zuneigte. So genoss er noch einmal die Gesellschaft der Großen dieser Welt, um sich am Tag nach der Ankunft seines Enkels aus dem öffentlichen Leben zu verabschieden. Im Gegensatz zum Großvater empfand Ludwig II. wenig Gefallen an den großen Diners und Bällen, bei denen sich die Besucher am Rande der Ausstellung die Zeit vertrieben. Er besuchte das Palais des Tuileries, die Residenz Kaiser Napoleons, des-

Kaiser Napoleon III. und Kaiserin Eugénie

Bild oben: Das Palais des Tuileries, die Pariser Residenz Kaiser Napoleons

L'EXPOSITION UNIVERSELLE

DE 1867

ILLUSTRÉE

PUBLICATION INTERNATIONALE AUTORISÉE PAR LA COMMISSION IMPÉRIALE

Titel der Zeitschrift zur Pariser Weltausstellung von 1867

Porträts der beiden bayerischen Könige in der Zeitschrift zur Weltausstellung

Der große Ball, der zu Ehren der ausländischen Fürsten im Palais des Tuileries abgehalten wurde

Die Pariser Gewächshäuser, Vorbild für Ludwigs Wintergarten auf dem Dach der Residenz in München

sen offizielle Räume er sich in seiner Residenz in München kopieren ließ, und vor allem die exotischen Gewächshäuser, die seine Fantasie zum Bau eines großen Wintergartens in München beflügelten. Die Abende verbrachte er in der Oper oder war mehrmals Gast bei Napoleon III., der sich viel Zeit für den jungen König nahm. Gemeinsam fuhren sie nach Compiègne und Pierrefonds. Hier durfte Ludwig den genialen Architekten Viollet le Duc kennen lernen, der gerade mit dem Wiederaufbau des mittelalterlichen Schlosses von Pierrefonds beschäftigt war. Einige Details, wie die Türme, fanden später sogar Verwendung bei der Planung von Neuschwanstein.

Beim Besuch der Weltausstellung bewunderte er vor allem die vielen interessanten technischen Errungenschaften, wobei ihm besonders der aus Zinkguss gefertigte maurische Kiosk gefiel, den der Berliner Architekt Karl von Diebitsch als preußischen Beitrag

Originalfoto der Weltausstellung vom maurischen Kiosk des Architekten Karl von Diebitsch, den Ludwig später für seinen Park in Linderhof erwerben konnte

Kaiser Napoleon III. und Kaiserin Eugénie

Schloss Pierrefonds, die von Viollet le Duc für Napoleon III. wieder aufgebaute mittelalterliche Burganlage

zur Ausstellung gefertigt hatte. Ludwig entschloss sich, ihn zu kaufen, doch der Industrielle Bethel Henry Strousberg hatte ihn bereits für sein Gut in Sbirow erworben. Jahre später, als Strousberg Konkurs anmelden musste, konnte ihn der König dann doch noch kaufen und in Linderhof aufstellen lassen.

Leider fand die Reise des Königs ein unerwartetes, frühzeitiges Ende. In Bamberg war sein Onkel Otto, der ehemalige König von Griechenland, verstorben und so kehrte Ludwig ohne seinen geplanten Besuch in Versailles nach Bayern zurück.

Schloss Compiègne, der Landsitz des französischen Kaiserpaares unweit von Pierrefonds

Die Schlösser von Versailles und Fontainebleau, sowie Reims, die Krönungsstadt der französischen Könige, besuchte Ludwig erst sieben Jahre später, vom 21. bis 28. August 1874. Obwohl diese Reise nur wenige Jahre nach dem Deutsch-Französischen Krieg stattfand, wurde der König mit allen Ehren von den Franzosen empfangen, wohl wissend, dass sie einen Freund Frankreichs und nicht einen Gegner vor sich hatten.

Die gotische Kathedrale, Krönungskirche der französischen Könige, und die Kirche Saint Rémy in Reims, die von Ludwig bei seinem Besuch beide besichtigt wurden

Schloss Fontainebleau, der Ehrenhof und der Thronsaal Kaiser Napoleons

Schloss Versailles, der Ehrenhof und das Schlafzimmer des Königs

Knapp sechs Monate nach seinem Besuch in Paris starb am 29. Februar 1868 in Nizza König Ludwig I. im Alter von 82 Jahren. Wegen des guten Klimas hatte er sich häufig ans Mittelmeer zurückgezogen. Seine beiden Söhne, Prinz Luitpold und Ludwigs Lieblingsonkel Prinz Adalbert, weilten an seinem Sterbelager. Sie begleiteten seine Leiche nach München, wo sie am 9. März in der Basilika Sankt Bonifaz beigesetzt wurde.

Ludwig vertiefte vor allem seine Freundschaft zur Zarin Maria Alexandrowna, was, wegen seiner gelösten Verlobung ein halbes Jahr zuvor, erneut zu den wildesten Gerüchten führte. Doch Ludwig blieb unbeeindruckt und lud die Kaiserin zu einem Besuch nach München ein, wo er für sie die Residenz in einen blühenden Garten verwandeln ließ. Als Wohnung wurden der Kaiserin die für die zukünftige Königin von Bayern eingerichteten Räume zur Verfügung gestellt. Beim Besuch auf Schloss Berg ließ der König ein grandioses Feuerwerk für die Kaiserin abbrennen, ausgerechnet am Vorabend des Tages, an dem seine ehemalige Braut Sophie Charlotte in Possenhofen dem Herzog von Alençon das Jawort gab.

König Ludwig II. und sein Bruder Otto im Gespräch mit dem russischen Kaiserpaar

Vom 2. bis 10. August 1868, vier Jahre nach seinem ersten Besuch, reiste König Ludwig II. zusammen mit seinem Bruder Otto ein weiteres Mal nach Bad Kissingen. Erneut trafen sich wie bereits 1864 die Häuser Bayern, Österreich, Württemberg und Russland, doch war die Stimmung diesmal mit Sicherheit etwas getrübter. 1866 hatten Österreich, Bayern und Württemberg den Bruderkrieg gegen Preußen verloren und die Hegemoniepolitik Bismarcks ließ bereits neues Ungemach am Horizont erkennen.

Der Schreibsalon der Kaiserin in den Hofgartenzimmern der Residenz mit dem Schwanenschreibtisch aus König Ludwigs Wohnung

Die Kaisertreppe der Residenz im Blumenschmuck für die Kaiserin

Die russische Kaiserin Maria Alexandrowna

Das Feuerwerk für die russische Kaiserin in Berg am Starnberger See

Herzogin Sophie Charlotte und Prinz Ferdinand von Orléans, Herzog von Alençon

Prinzessin Louise und Prinz Emanuel

Am 28. September 1868 wurde Herzogin Sophie Charlotte, die ehemalige Braut des Königs, die Frau des Prinzen Ferdinand von Orléans, Herzog von Alençon. Das Paar hatte zwei Kinder, Prinzessin Louise, die später den Prinzen Alphons von Bayern heiratete, und Prinz Emanuel, der die Prinzessin Henriette von Belgien zur Frau nahm.

Ansicht der Burg Trausnitz auf einem Aquarell von Christian Steinicken aus dem Nachlass des Königs

Das Audienz- und das Schlafzimmer des Königs

Das königliche Wohn- und Arbeitszimmer

Burg Trausnitz

Am 22. August 1869 reiste der König zu einem Besuch in die ehemalige Wittelsbacher Residenzstadt Landshut und auf die hoch über der Stadt gelegene, mächtige Burg Trausnitz. Wie einst in Nürnberg, war er von der Anlage so sehr angetan, dass er den Entschluss fasste, sich hier eine Wohnung einrichten zu lassen. Dieses königliche Absteigequartier, wie sie in der Hofkorrespondenz genannt wurde, war passend zur Burg im Neorenaissance-Stil eingerichtet und bestand aus drei Räumen, einem Audienzzimmer, dem Wohn- und Arbeitszimmer, an das sich das königliche Schlafzimmer anschloss. Da Landshut von München aus mit der Bahn leicht zu erreichen war und vor allem der König sich hier ohne lästigen Hofstaat aufhalten konnte, ist zu vermuten, dass die Trausnitz zu seinen geheimen Quartieren gehörte, wo er vor dem Alltag fliehen und sich ungestört seiner Lieblingsbeschäftigung, der Lektüre, hingeben konnte. Wie oft er auf der Trausnitz weilte, ist nicht bekannt, dass er dort gewesen sein musste, belegt die Tatsache, dass nach seinem Tode die Bezüge der Möbel, wegen starkem Verschleiß, komplett erneuert wurden.

Blick auf den Odeonsplatz mit der Residenz und den vom König auf dem Dach angelegten großen Wintergarten

Das Audienzzimmer

König Ludwigs Wohnung in der Münchener Residenz

Bereits als Kronprinz bewohnte Ludwig die vier Zimmer im Obergeschoss des Eckpavillons der Residenz am Odeonsplatz. Diese Wohnung wurde vom König auch nach seiner Thronbesteigung beibehalten. Nach dem Vorbild des großen Appartements in den Tuilerien ließ sich Ludwig die Räume im Stil Napoleons III. auf das Prunkvollste ausstatten. Über den Nibelungengang mit Fresken aus Wagners Oper „Der Ring des Nibelungen" betrat man die Räume des Königs. Vom Audienzzimmer gelangte man in das über Eck gelegene

Wohnzimmer, dem sich das über dem Hofgarten gelegene Schlafzimmer anschloss. Vom daneben liegenden Arbeitszimmer aus betrat man den großen Wintergarten, den sich Ludwig nach dem Vorbild der Gewächshäuser in Biebrich und in Paris auf dem Dach der Residenz hatte anlegen lassen.

Das Schlafzimmer

Das offizielle Siegel des Königs

Das Wohnzimmer

Das Wohnzimmer

Der Wintergarten

Das Arbeitszimmer mit Zugang zum Wintergarten

Blüte aus dem Wintergarten König Ludwigs II., gepflückt und bezeichnet von Prinzessin Maria de la Paz in der Nacht vom 11. auf den 12.Mai 1883

„Oh, es ist notwendig, sich solche Paradiese zu schaffen, solche poetischen Zufluchtsorte, wo man auf einige Zeit die schauderhafte Zeit, in der wir leben, vergessen kann.“ Ludwig II. 1869 an Baronin Leonrod

Der Deutsch-Französische Krieg und die deutsche Reichsgründung

Vier Jahre nach dem deutschen Bruderkrieg provozierte Bismarck einen erneuten Krieg, diesmal gegen Frankreich. Nur in der Vernichtung Napoleons III. und seiner Herrschaft sah er die Entstehung eines deutschen Kaiserreiches gewährleistet. Damit war für Bayern der Bündnisfall gegeben, was für das bayerische Heer unter dem Kommando der Generäle von der Tann und von Hartmann einen Krieg an der Seite Preußens bedeutete. Ludwig entglitt nun jede Entscheidung, auch die des Friedensschlusses, und damit hatte er auf das höchste Kronrecht zu verzichten. Dass er auf Druck der eigenen Regierung nach Frankreichs Kapitulation gezwungen wurde, dem König von Preußen nun auch noch die Kaiserkrone anzubieten, dürfte die wohl größte Demütigung seiner Regentschaft gewesen sein. Verständlich, dass er die Sieges-Parade an der Seite Preußens als seinen ersten Vasallenritt bezeichnete.

Herzog von Sachsen-Altenburg. Großherzog von Hessen. König von Württemberg. Großherzog von Sachsen-Weimar. Großherzog von Oldenburg. Großherzog von Mecklenburg-Schwerin. Herzog von Sachsen-Meiningen. Kaiser von Deutschland. König von Bayern. Großherzog von Mecklenburg-Strelitz. Herzog von Braunschweig. Herzog von Sachsen-Koburg. König von Sachsen. Großherzog von Baden. Herzog Leopold von Anhalt.

Des deutschen Reiches Kaiser, Könige, Großherzoge und Herzoge.

Nationale Huldigung vor der Residenz in München

Bei der für Preußen „mächtig ergreifenden" Kaiserproklamation im Spiegelsaal des Schlosses von Versailles empfand Ludwigs Bruder Otto nur ein „namenloses Weh".

Mehr als sämtliche Räte der Krone Bayerns hatte der König seine Souveränität gegenüber Preußen zu wahren gesucht und er erkannte schneller als diese Praktiker die Aussichtslosigkeit seiner Bestrebungen. Aus dem souveränen König von Bayern, einem Fürsten von Gottes Gnaden, war ein Schattenkönig geworden. Dieser Souveränitätsverlust und das ständige Gefühl, den korrupten Machenschaften seiner Minister ausgeliefert zu sein, trieben Ludwig in eine Stimmung tiefster Depression. Mehrfach

General Jakob von Hartmann

General Ludwig Freiherr von der Tann

Szene aus der Schlacht bei Sedan

Die Siegesfeier in München, Ludwigs erster „Vasallenritt"

gab er sich dem Gedanken der Abdankung hin, doch stets überwog seine innere Überzeugung, ein Amt von Gottes Gnaden nicht aufgeben zu können. Je mehr er sich zwang, diesem Amt gerecht zu werden, umso mehr entfremdete er sich der realen Welt und den Menschen, mit deren Hilfe er sein Land regierte. Für ihn hatten die Politiker es verlernt, sich nach dem Wahren, Guten und Schönen zu orientierten, da sie nur noch beliebt sein wollten, um gewählt zu werden. Wahrheit hatte keine Bedeutung mehr, nur noch der Wille derer, denen sie ihre Macht verdankten.

Der preußenfreundliche Fürst Hohenlohe schätzte diese Lage richtig ein, als er erkannte, dass die Minister alles tun würden, um ihre Stellung zu behalten und um sich mit Preußen gut zu stellen. Dafür würde die Bürokratie sogar die Dynastie im Stich lassen.

Der bayerische Herold mit Ludwigs Zügen bietet der Germania die Kaiserkrone an

Ludwig verachtete die „Staatsfadaisen", Staatsalbernheiten, wie er die Regierungsgeschäfte nannte. Man versuchte dies als Pflichtvernachlässigung aufgrund „krankhafter Hemmungen" darzustellen doch bei keinem Geringeren als Bismarck, dem wohl niemand träumerische Romantik vorwerfen kann, liest es sich anders: „Sein (Ludwigs) königliches Bewusstsein war nicht bloße Eitelkeit, sein mehrseitiges Wissen nicht blendende Allwisserei, sein staatsmännisches Tun keine Torheit."

Und später, nach dem Tod des Königs, meinte er, die Welt werde ihr Urteil über Ludwig noch bedeutend ändern müssen, wenn sie nicht nur seine Kunstschöpfungen, sondern auch seine staatsmännischen Korrespondenzen kenne.

Dass ausgerechnet ein Vers aus Schillers freiheitlichem Tell, dem Symbol von Demokratie und Freiheit, als Propaganda für die preußische Vormachtstellung herhalten musste, entbehrt nicht einer gewissen Komik

Die Münzen des nicht mehr ganz so „souveränen Bayern", Mark und Pfennig, die Einheitswährung im Deutschen Reich

Das Passionsspiel in Oberammergau

Das Passionsspiel, das die Gemeinde Oberammergau nach altem Brauch im Jahre 1870 aufführte, wurde durch den Deutsch-Französischen Krieg jäh unterbrochen, da viele der Mitspieler ins Feld mussten. Als dann der Krieg ein Jahr später vorüber war, wurde das Spiel wieder aufgenommen. König Ludwig II., der sich die Passion am 25. September in einer Separatvorstellung ansah, war von der Aufführung so überwältigt, dass er der Gemeinde als Dank eine in Stein gemeißelte

König Ludwig II. und die Hauptdarsteller des Oberammergauer Passionsspiels von 1871 aus der Zeichenfeder von Cajetan Schweizer

Das Passionsspiel im Sommer 1871

Titelseite der Leipziger Illustrierten Zeitung mit dem von König Ludwig gestifteten Denkmal an die Passionsspiele

Illustrirte Zeitung.

Nr. 1686.] Leipzig, 23. October 1875. [LXV. Band.

Die Kreuzigungsgruppe in Oberammergau. Kolossalmonument von Professor J. Halbig. (S. 315.)
Geschenk des Königs Ludwig II. von Baiern für Oberammergau.

Kreuzigungsgruppe schenkte, die am Osterbichl ihre Aufstellung fand. Die zwölf Meter hohe Figurengruppe galt damals als das größte Steindenkmal ihrer Zeit. Nicht einfach war allerdings die Aufstellung: Eine eigens von der Firma Maffei hergestellte Dampflokomobile zog den Steinkoloss vom Atelier des Künstlers in München nach Oberammergau, ein einmaliges Ereignis, das die Presse über die Grenzen Bayerns hinaus ausführlich würdigte.

Erinnerungsmedaille auf das Passionsspiel von 1880 mit dem Denkmal und einer Ansicht von Oberammergau

König Ludwig und seine Schlösser

Ansicht v. Linderhof gegen den Venustempel

Linderhof

Berg am Starnbergersee

Neuschwanstein

Herrenchiemsee

Burg Falkenstein

Durch ihre ungewöhnlich schöne landschaftliche Lage und besonders wegen ihrer prunkvollen Interieurs sind die Schlösser König Ludwigs II. bis heute etwas Einmaliges und Besonderes geblieben. Für Ludwig waren sie keine Bauten für höfisches Zeremoniell oder gar Sitz der königlichen Familie, sondern örtliche und geistige Stützpunkte seines ruhelosen, hin- und hergetriebenen, ständig in Träumereien verstrickten Lebens. Bei Nacht leuchtete aus ihnen das Kerzenlicht, und wenn Ludwig die Nacht zum Tage machte, öffneten sich plötzlich die Tore und man erblickte für einen kurzen Moment den König, tief in seinen Pelz gehüllt.

Heinrich Kreisel, ein profunder Kenner der Person König Ludwigs, nennt ihn eigenartig, anders als du und ich; aber gerade darum war er der König. Er selbst sah sich nicht als konstitutioneller, bürgerlicher Monarch, er war ein König von Gottes Gnaden, ein Monarch aus ferner, sagenhafter Zeit; ein König mit Krone, Zepter und Hermelin, der in goldenen Wagen und Schlitten fuhr und sich mit Riten umgab, die dem gemeinen Volke verschlossen bleiben mussten. Die Schlösser waren die Bühne seines Lebens und so wurde er für die Bevölkerung in seiner Unwirklichkeit zum einzig echten, wahren König, zum „Märchenkönig".

Die königliche Villa im Graswangtal

König Ludwig hört einen Vortrag im Audienzzimmer seiner königlichen Villa, dem neuen Schloss Linderhof

Der Linderhof wie ihn Ludwig von seinem Vater geerbt hat

Nächtlicher Ritt des Königs durch die Ammergauer Berge

König Ludwig beim Füttern der Schwäne in der Grotte von Linderhof

König Ludwig bei seiner Lieblingsbeschäftigung, der Lektüre, in der Hundingshütte im Graswangtal

Ein Denkmal für Ludwig XIV.

In Herrenchiemsee plante Ludwig nach seinen eigenen Worten einen Tempel des Ruhmes, in dem er das Andenken an König Ludwig XIV. feiern konnte. Zentrum dieses Denkmals waren das „Chambre de Parade", das Paradeschlafzimmer in der Mitte zum Ehrenhof hin, und die große Spiegelgalerie gegen den Garten. Im Absolutismus war das Schlafzimmer das Allerheiligste des Königtums, das Bett der Thron und der Raum das Zentrum aller höfischen Zeremonien. Die Spiegelgalerie dagegen war der Festsaal des Königs, in dem sein Glanz am höchsten erstrahlen konnte. Um dieser beiden Räume willen hat Ludwig II. sein „Versailles" erbaut, kein Schloss zur Ausübung seiner eigenen Herrschaft und zur Repräsentation seines eigenen Königtums, sondern ein Denkmal des Königtums überhaupt, und zwar jenes Kö-

Das neue Schloss auf der Herreninsel, ein Denkmal für Ludwig XIV. und die Bourbonen

Der Schrein mit dem Tabernakel für die Reliquie der Bourbonen

Die „Cour de Marbre" oder Ehrenhof, in dessen zentralem Bau sich das Paradeschlafzimmer als Denkmal an Ludwig XIV. befindet

Das Paradeschlafzimmer als Denkmal an Ludwig XIV.

nigtums, das nur einmal unter den absolutistischen Bourbonen und hier im Besonderen unter Ludwig XIV. seine höchste Form erlebt hatte.
Seine persönliche Wohnung schuf Ludwig sich im Seitenflügel des Schlosses. Leider blieb Herrenchiemsee, wie alle seine Schlösser, eine Baustelle und so blieb auch das Denkmal an die Bourbonen unvollendet.

Ein ebenso unvollendeter großer Schrein in Form eines überdimensionalen Tabernakels steht heute als so genannter Schrank für Musikinstrumente in einem der Vorzimmer. Wer ihn öffnet, muss feststellen, dass Musikinstrumente hier nur schwer unterzubringen sind, da der Innenraum weder eine Vorrichtung zum Aufstellen noch eine solche zum Ablegen derselben aufweist. Vielmehr ist der Innenraum so gestaltet wie der Tabernakel eines barocken Hochaltars, zur Aufnahme eines Ziboriums mit dem Allerheiligsten oder der Monstranz mit einer wertvollen Reliquie. Die Französische Revolution hatte die Gräber der Bourbonen zerstört, ihre Asche wurde später in einem gemeinsamen Grab beigesetzt. Asche aus diesem Grab wäre aber möglicherweise die Vollendung des Denkmals an die Bourbonen gewesen.
Stilistisch passt der Schrein ins Paradeschlafzimmer, in zentraler Aufstellung vor dem mittleren Fenster, im direkten Blickfeld des hier ruhenden Geistes von Ludwig XIV., umgeben von den Strahlen der aufgehenden Sonne.

Gesamtansicht des Klosters, im Flügel links befand sich die Wohnung des Königs während derBauzeit des Schlosses

Gralsburg für Richard Wagner

Im echten Stil der deutschen Ritterburgen sollte der Gralstempel für die Werke seines verehrten Meisters Richard Wagner werden. Inspiriert von der Wartburg und Schloss Pierrefonds, entstand ab 1868, auf einem Bergkegel hoch oben über der Pöllathschlucht, anstelle der ehemaligen Burg Vorderhohenschwangau, die neue Burg zum Schwanstein, eine mächtige Kulisse für Ludwigs Welt des Mittelalters und der Schwanenritter. In ihr wurden Parsifal und Lohengrin lebendig, im Sängersaal

Blick in den Hof mit der nicht gebauten Kapelle und dem Hauptturm

Entwurf zum Schloss Neuschwanstein. Weder der große Hauptturm noch die Gärten rechts wurden je gebaut

konnten Tannhäuser und seine Minnesänger erbitterte Dichterkämpfe führen. In seinen Privatgemächern des Torbaus lebten die mittelalterlichen Rittertugenden wieder auf und im Treppenhaus eröffnete sich die Sagenwelt der Edda.

König Ludwig mit dem Maler August Spieß auf der Marienbrücke vor Neuschwanstein, ein irreführendes Bild, denn in dieser Vollendung hat der König sein Schloss nie gesehen

Ludwigs Wohnzimmer im Torbau von Schloss Neuschwanstein

Zentraler Raum für Ludwig aber wurde der Thronsaal. Wie ein Altar des Gottesgnadentums sollte der Thron in der Apsis stehen. Über ihm Christus, der König über Himmel und Erde, umgeben von Maria und Johannes dem Täufer sowie dem seligen Casimir von Polen und den heilig gesprochenen Königen Stephan I. von Ungarn, Heinrich II. von Deutschland, Ludwig IX. von Frankreich, Ferdinand III. von Spanien und Eduard dem Bekenner von England. Rechts und links vom Thron die zwölf Apostel. Doch dieser Thron wurde nie gebaut, Neuschwanstein blieb unvollendet, ganz ohne Baugerüste hat der König sein Schloss nie gesehen.

Die Baustelle von Schloss Neuschwanstein um das Jahr 1885

König Ludwig II. um 1882, links eine Fotografie von Joseph Albert und rechts eine Zeichnung von Gräfin Maria von Pocci, „eines der wenigen ungeschminkten Porträts des Königs, auf dem auch sein träumerisches Wesen sichtbar wird", wie auf der Rückseite vermerkt ist

1875 starb völlig unerwartet Ludwigs Lieblingsonkel Adalbert. Nachdem sich dieser einst beim Tode Maximilians um die Prinzen Ludwig und Otto gekümmert hatte, war es für Ludwig eine Selbstverständlichkeit, nun seinerseits die Vormundschaft für dessen Kinder zu übernehmen. Besonders zu Prinz Ludwig Ferdinand, seinem „Luisito", wie er ihn liebevoll nannte, entwickelte er eine so innige Zuneigung, wie er sie einst dessen Vater entgegengebracht hatte.

Zu Beginn der Achtzigerjahre wurde das Leben Ludwigs immer rastloser. Für den glücklos regierenden König wurden seine Schlösser und Quartiere seine geistige Heimat, zugleich aber auch die Zuflucht vor der Wirklichkeit. Kaum war er in einem seiner Schlösser an-

Schlittenfahrt des Königs durch die bayerischen Alpen

gekommen, zog es ihn schon wieder weiter. Ruhelos machte er den Tag zur Nacht, da die Nacht das Hässliche der Welt so hervorragend zu kaschieren wusste. Seine intensive Beschaftigung mit den Künsten, sein dogmatisches Eingreifen in Fragen künstlerischer Gestaltung ließ ihn immer wieder für kurze Zeit die Welt um sich herum vergessen, und obwohl er kaum noch Kontakte zu seinen Ministern oder zur Öffentlichkeit pflegte, verlor er nie die Regierungsgeschäfte aus den Augen und erfüllte bis zuletzt die von ihm geforderten königlichen Aufgaben.

Burg Falkenstein, der nicht mehr verwirklichte Traum des Königs hoch über Pfronten im Allgäu

Heimliche Residenzen

Im bayerischen Oberland bis hin nach Tirol sind die Hütten und Absteigequartiere verteilt, die König Ludwig bei seinen Fahrten durchs Gebirge zum Übernachten brauchte. Eines dieser Quartiere war der alte Gasthof am Fernstein in Tirol. Hier, unterhalb der alten Burg, ließ Ludwig 1872 von seinem Architekten Georg Dollmann zwei Zimmer an-

Ankunft König Ludwigs II. am Fernstein

Ludwigs Wohnung im Gasthof am Fernstein, links das Wohnzimmer, rechts das Schlafzimmer

Die Burg Fernstein mit dem Gasthaus an der Brücke, in dem sich Ludwig im ersten Stockwerk seine Wohnung einrichten ließ

mieten, die ihm der Theatermaler Christian Jank zu einer kleinen, eigenen privaten Wohnung im Stile Linderhofs einrichtete, wobei die Möbel im Wohnzimmer mit rotem, die im Schlafzimmer mit blauem Damast überzogen waren.

Auch wenn Ludwig sein Quartier am Fernstein im Rokokostil ausstatten und im Königshaus auf dem Schachen einen prunkvollen maurischen Saal einrichten ließ, so bewohnte er die meisten dieser Hütten doch so, wie er sie von seinem Vater übernommen hatte, Hauptsache, er war allein und fernab vom politischen Alltag.

Das Königshaus auf dem Schachen im Wettersteingebirge

Die Pürschlinghäuser oberhalb von Schloss Linderhof

Ankunft des Königs in einer seiner heimlichen Residenzen

Hirschhornschnitzerei als bayrischer Trachtenschmuck mit dem Bildnis König Ludwigs II.

König Ludwig beim Spaziergang im Englischen Garten

Aufenthalte in München

König Ludwig bei der Durchfahrt im Hofgarten

Seine Residenzstadt München besuchte Ludwig nur selten und meistens nur dann, wenn es für die Regierungsgeschäfte notwendig war.
Die Münchner bekamen ihren König kaum noch zu sehen, höchstens einmal im Hofgarten die Kutsche, die mit dem König auf dem Weg zum Englischen Garten an ihnen vorbeirauschte.

Die Abende verbrachte Ludwig meist im Theater oder in der Traumwelt seines Wintergartens auf der Residenz. Hierher lud er sich gelegentlich Schauspieler ein, was natürlich umgehend zu gesellschaftlichem Tratsch führte. Auch die berühmte Kammersängerin Frau Scheffsky hatte darunter zu leiden: Zum Singen in den Wintergarten eingeladen, sollte sie ihre Lieder in

Mitglieder der Münchener Hofbühne unter Ludwig II.: die Schauspielerinnen Lila von Buliowsky, Marie Dahn-Hausmann, Clara Ziegler und Johanna Meyer sowie die Schauspieler Emil Rohde, Friedrich Dahn, Bernhard Rüthling, Ernst Possart, Heinrich Richter und Franz Herz

Auffahrt des Hof- und Nationaltheaters

Während einer Vorstellung im Residenztheater

einem Boot sitzend vortragen. Wohl wegen ihrer Körperfülle aber kippte plötzlich der Kahn. Böse Zungen behaupteten, dies sei nur geschehen, um vom König persönlich gerettet zu werden: Ludwig ließ Frau Scheffsky jedoch von einem Diener aus dem Wasser heraushelfen.

König Ludwig klingelt einem Diener, um Frau Scheffsky zu retten

Ludwig II. mit dem Schauspieler Nachbauer im Wintergarten der Residenz

Die festliche Aufführung der IX. Symphonie von Beethoven im Markgräflichen Opernhaus

Bayreuth

Auf der Suche nach einem geeigneten Platz für sein Festspielhaus kam Richard Wagner 1871 nach Bayreuth. Hier kaufte er sich ein Grundstück, auf welchem in den darauf folgenden Jahren sein Wohnhaus, die Villa Wahnfried, entstand. Am Vormittag des 22. Mai 1872 wurde am „Grünen Hügel" der Grundstein zum neuen Festspielhaus gelegt. Dem Festakt folgte am Nachmittag im Markgräflichen Opernhaus die feierliche Aufführung der IX. Symphonie von Beethoven. Nach drei Jahren Bauzeit war Richard Wagners Festspielhaus vollendet und am 13. August 1876 wurden mit dem „Ring des Nibelungen" die ersten Bayreuther Festspiele feierlich eröffnet.

Die Baustelle des neuen Festspielhauses um 1874

Die feierliche Eröffnung der ersten Bayreuther Festspiele am 13. August 1876, umrahmt von vier allegorischen Vignetten, den „Ring des Nibelungen" darstellend, sowie des so genannten „Wagner-Ordens", einer Gedenkmedaille, die Richard Wagner seinen Gönnern zur Eröffnung der ersten Festspiele überreichte

Otto v. Wittelsbach

Friedrich Barbarossa

„Ich weiß mich eins mit meinem treuen Volke,"
Dieß schöne Wort, das Bayerns König sprach,
Es zittert, — wie der Schein der Morgenwolke
Im Lenzlaub, — noch in allen Herzen nach
Dieß Wort erst gab die volle, rechte Weihe
Den Tagen, die so festlich hingerauscht,
Wo Lieb' um Lieb', wo Treue gegen Treue
Ein ruhmreich Herrscherhaus und Volk getauscht.

Ja, was im Lauf von siebenhundert Jahren
Als felsenfester Bund sich hat erprobt,
Ob wilde Wetterstürme und Gefahren
In böser Zeit ihn auch gar oft umtobt;
Das darf die Mit-, das darf die Nachwelt feiern,
Das, — mögen auch im Wechsellauf der Zeit
Geschlechter um Geschlechter sich erneuern, —
Das wird besteh'n in Ehren hoch gefeit.

D'rum töne, Harfe, tön' in Jubelweise,
— Sind auch auf unsern Bergen schon verglüht
Die Freudenfeuer, — tön' zu Ruhm und Preise
Dem Jubelfeste noch ein Weihelied:
„So lang im Alpschnee und in Himmels Bläue
„Der Heimath Farben uns entgegen seh'n,
„So lange wird des Bayernvolkes Treue
„Zum Hause Wittelsbach nicht untergeh'n!

Ernst von Destouches.

1180-1880.

Gedenkblatt
für die Feier des siebenhundertjährigen Regierungs-Jubiläums des Hauses Wittelsbach

Gedenkblatt an die 700-Jahr-Feier des Hauses Bayern im Sulzbacher Kalender

Gedenkmedaillen auf das Wittelsbacher Jubiläum

Der Burgplatz in Oberwittelsbach mit der mittelalterlichen Kirche und dem National-Denkmal, darunter eine romantische Darstellung der ehemaligen Burganlage

Oberwittelsbach

1880 konnte das Haus Wittelsbach auf seine siebenhundertjährige Geschichte zurückblicken, was im Lande gebührend gefeiert wurde. Bereits im Mittelalter war die Stammburg bis auf die Grundmauern zerstört und durch eine Kirche ersetzt worden. Hier auf dem Burgplatz neben der historischen Kirche hatte 1834 König Ludwig I. in Erinnerung an die Anfänge seines Hauses ein National-Denkmal errichten lassen.

König Ludwig als Großmeister des Haus-Ritter-Ordens vom heiligen Hubertus

Schlussbild der Uraufführung der Oper „Parsifal" am 26. Juli 1882 in Bayreuth

Eine der letzten Aufnahmen Richard Wagners

Parsifal und Richard Wagners Tod

In seinen letzten Lebensjahren konzentrierte sich Richard Wagner vor allem auf die Vollendung seines Bühnenweihfestspiels „Parsifal", das er am 26. Juli 1882 zur Uraufführung bringen konnte. König Ludwig war nicht zugegen. Erschöpft und müde zog sich Wagner im September nach Venedig zurück, wo er noch am 24. Dezember im „Teatro la Fenice" seine C-Dur-Symphonie dirigierte und am 13. Februar 1883, völlig unerwartet, an einem Herzanfall verstarb.

Drei Tage später wurde er nach Bayreuth überführt und am 18. Februar im Garten seiner „Villa Wahnfried" beigesetzt. König Ludwig war nicht angereist, auf seinen Befehl hin blieben die Münchner Theater an diesem Tag geschlossen.

Medaille auf den Tod
Richard Wagners

Richard Wagners
Leichenbegängnis in Bayreuth

Cosima Wagner an Richard Wagners
Grab im Garten seiner Villa in Bayreuth

Die Tellskapelle am Vierwaldstätter See

Kainz trägt Ludwig Teile aus dem Tell vor

Mit Kainz in der Schweiz

Einen letzten Freund am Münchner Hoftheater hatte Ludwig im Schauspieler Josef Kainz gefunden. Mit ihm reiste er 1881 in die Schweiz zu den Orten der Handlung des „Wilhelm Tell" von Schiller. Die Gegenwart dieses Jünglings, der ihm große Figuren des Schauspiels so vortrefflich verkörperte, berauschte den König. Gemeinsam besuchten sie die Tellplatte und das Rütlihaus. Dann aber verlief die Reise leider nicht mehr ganz nach Plan.

Die enormen Strapazen in der Gebirgswelt nicht gewohnt, kapitulierte der übermüdete junge Mime und versagte seinem König den Auftritt. Kainz war damals viel zu jung, um Ludwig zu verstehen, auch fühlte er sich wohl in seinem künstlerischen Schaffen zu beengt und so musste ihn Ludwig am Ende enttäuscht entlassen. Wenig später zog Kainz nach Berlin, wo er als gefeierter Schauspieler Karriere machte.

Das Rütlihaus und die Rütlistube am Vierwaldstätter See

Herzog Adolph von Nassau, Großherzog von Luxemburg

Prinz Ludwig Ferdinand und Prinzessin Maria de la Paz

Letzte Freunde

Nachdem abzusehen war, dass Ludwig und auch sein Bruder Otto ohne direkten Thronerben bleiben sollten, hatte die Luitpoldinische Linie des Hauses Wittelsbach, in ihren Bestrebungen, die Macht an sich zu reißen, bereits in den vorangegangenen Jahren keine Mühen gescheut, den regierenden König zu diskreditieren. Zweimal erteilte er ihnen dafür sogar Hausverbot, das er nach einer Weile jedoch wieder aufhob.

Die Bautätigkeit Ludwigs verschlang enorme Summen, sodass die Kabinettskasse zu Beginn der Achtzigerjahre in arge Turbulenzen geriet. Warum Finanzminister Eduard Riedel, der auch Chef über die Kabinettskasse war, nicht eingriff, kann nur als die Absicht gedeutet werden, den König bewusst in eine Finanzkrise gleiten zu lassen. Auch die Tatsache, dass eine Schuldentilgung durch Herzog Adolph von Nassau verhindert wurde, bestätigt diese Vermutung. Der Herzog, ein leidenschaftlicher Jäger und Freund des Königs, bot ihm gegen die Überlassung der Hofjagden auf Lebenszeit die Tilgung aller Schulden an. Ludwig war einverstanden, doch wie aus der Hofkorrespondenz ersichtlich ist, wurde diese Vereinbarung vonseiten des Kabinetts vereitelt. Dem Herzog wurde mitgeteilt, der König sei an einer Überlassung der Jagden nicht mehr interessiert, und dem König erklärte man, der Herzog habe sein Geld an die Kinder verteilt und sei nun nicht mehr vermögend.

Ludwig geriet immer tiefer in die Isolation, und nur wenigen konnte er in den letzten Jahren noch vertrauen. Seine letzten Freunde blieben am Ende wohl sein Flügeladjutant, Graf Dürckheim-Montmartin, der ihm bis zum Tod die Treue hielt, und vor allem sein Vetter Ludwig Ferdinand, der mit seiner Frau Maria de la Paz bis zum Ende nichts unversucht ließ, ihn aus seiner verfahrenen finanziellen Lage zu befreien.

Alfred Graf Dürckheim-Montmartin, Flügeladjutant des Königs

König Ludwigs mystische Welt

Was sich nicht mit Händen greifen und mit Augen und Ohren wahrnehmen lässt, ist suspekt und eines denkenden Gehirns unwürdig, so vergreift sich unsere „aufgeklärte" Epoche heute gerne an etwas, was ihr im Zeitalter von Fortschritt und Vernunft unzugänglich geworden ist.

Doch die Forschung befasst sich inzwischen auch mit dem Unsichtbaren und bringt so verschüttetes Weisheitsgut wieder ans Licht, wandelt Sagen in Aussagen und bemüht sich um die Wiederentdeckung alter Mysterienkulte. Leicht ist das wahrlich nicht, denn Mysterien waren das, was ihr Name besagt: Eingeweihte standen unter Schweigepflicht, so auch die Mitglieder des Schwanenordens.

Unter „Schwan" verstand man einen Menschen, der sich vom Wesen eines großen Toten durchdringen ließ und ihm seine irdische Hülle zur Verfügung stellte, denn „die Toten bedürfen, um auf Erden Taten zu verrichten, der Hülle solcher Erdenmenschen". In der Mysteriensprache wird das Bestreben, eine derartige Verbindung herzustellen, „Meerfahrt" genannt. Der Umgang mit den Toten wurde bewusst gepflegt, sie galten als die „wahrhaft Lebenden". Diese Vorstellung zu verstehen bereitet dem christlichen Denken keine Schwierigkeit, geht doch jede Anrufung um Fürbitte an die Adresse eines großen Toten, stellt den Kontakt her mit ihm und appelliert an seine Macht und Wirksamkeit.

Dem Schwanenorden war geheime Menschenführung anvertraut, ein „Schwan" durfte der Begegnung mit dunklen Mächten nicht ausweichen und er musste die Lebensprüfungen als Ausgleich für eigene, noch ungesühnte Schuld hinnehmen. Im Gralsbereich – also im Bereich der Schwanenorden – durfte kein Tier getötet werden. Ein Tier zu töten galt als unerhörter Frevel. Das Hochfest des Grals, des „heilenden Geistes", war Pfingsten und die Schwanenmysterien wurden zur Sommersonnenwende gefeiert, denn in der sagenhaften Gestalt des Schwanenritters erkannte man den Gott des Lichts, das aus dem Dunkel hervorgeht und wieder dahin zurückkehrt.

„Ein ewig Rätsel will ich bleiben, mir und anderen!"

König Ludwig II. war sich selbst ein Rätsel. Ohne Zweifel hat er eine gewisse Andersartigkeit, die ihn von der „normalen" Menschheit trennte, deutlich gespürt, doch die Ursache blieb ihm verborgen. Sie bleibt auch uns verborgen und wir können uns nur an Tatsachen halten.

Tatsache ist, dass er im Schwangau aufwuchs und ihn diese Gegend ein Leben lang unwiderstehlich anzog, dass er dort seine Gralsburg errichtete und dass sich in dieser Burg sein Schicksal erfüllte – entgegen den Plänen seiner Widersacher, die Linderhof als Tatort bestimmt hatten. Tatsache ist, dass der Schwan ihm mehr bedeutete als jedes andere Symbol, und Tatsache ist auch, dass er das „edle Waidwerk", die aristokratische Lieblingsbeschäftigung, hasste, zeitlebens blieben ihm „passionierte Jäger ein Gräuel".

Und die Toten? Sie waren seine „liebsten Gäste"!

Marotte eines Verrückten?

Außer Ludwig wusste und weiß niemand, ob diese Gäste für ihn wahrnehmbar wurden. Mit ihnen Umgang zu pflegen empfand er als etwas durchaus Natürliches.

Alles Zufall? Auch das Todesdatum?

Der 13. Juni ist nicht mehr weit von der Sommersonnenwende entfernt, aber was auffallender ist: Es war der Pfingstsonntag. An Pfingsten, dem Hochfest des Grals, fand der König seinen Tod im Wasser.

„Wer seine Schwanenflügel wiedergefunden hat, erlebt seinen Ursprung im Licht."

Ludwig suchte nicht den Tod, er suchte die Freiheit, die er dann freilich nur im Tod gefunden hat. Doch war dieser Tod nicht ein Höhepunkt, ein Fanal, das die Zeiten überdauert? Noch heute steht er da als Markstein, an dem sich die Geister scheiden!

Der Zeichenstift der Karikaturisten hat ihn als königlichen Schwanenritter verhöhnt. Hohn ist die billigste Waffe, mit der sich der Unverstand zur Wehr setzen kann gegen etwas, was über seinen engen Horizont hinausragt.

(Nach Helena von Fortenbach.)

König Ludwig II. als Lohengrin, Karikatur aus dem Wiener Floh, 1885

Ludwig II. von Gottes Gnaden König von Bayern – Schwanenritter –

Mit zunehmendem Souveränitätsverlust wendete sich Ludwig immer mehr den Dingen zu, die er als die wahren Aufgaben seines Daseins erachtete: die Förderung der Werke Richard Wagners sowie der Versuch, den Bourbonen und dem Geist des Absolutismus einen neuen Tempel zu errichten. Äußeres Sinnbild für diese Aufgaben sind Neuschwanstein für Richard Wagner und Herrenchiemsee für den Geist der Bourbonen und das Gottesgnadentum.

In der hervorragenden Radierung des Königs als Großmeister des Georgsritterordens von Wilhelm Hecht, angefertigt zu einer Zeit, in der sich schon das irdische Dasein Ludwigs seinem Ende zuneigte, finden sich Absolutismus und Rittertum in wunderbarster Weise vereint. Die Pose des Königs ist die, in der sich einst König Ludwig XIV. von Frankreich, der größte Vertreter des Gottesgnadentums, abbilden ließ. Ludwig trägt aber nicht wie sein Vorbild das Ornat als regierender König, sondern das des Ritters des

Zur gleichen Zeit, in der Wilhelm Hecht die Radierung des Königs anfertigte, zeichnete er ihn so, wie er ihn persönlich sah: ein einsamer Mann, dessen Blick von Enttäuschung und Trauer geprägt ins Leere geht

Ordens des heiligen Georg, wobei der heilige Georg hier sicher auch symbolisch für den ewigen Kampf des Guten gegen das Böse steht.

Es ist traurig, dass ausgerechnet diese Radierung, nach des Königs Tod als Vorlage für das Gemälde von Georg Schachinger herhalten musste, mit dem man seinem Volke den geistigen Zustand des Monarchen drastisch vor Augen führen wollte. Leider blieben die aufgedunsenen Züge Ludwigs auf diesem Gemälde nicht die einzigen Fälschungen, mit denen man das an ihm begangene Unrecht zu rechtfertigen suchte.

Ludwig XIV. von Frankreich nach dem Gemälde von Hyacinthe Rigaud

König Ludwig II. als Großmeister des Bayrischen Haus-Ritter-Ordens vom hl. Georg, Radierung von Wilhelm Hecht, 1883

Prinz Luitpold (Bild Mitte), der spätere Prinzregent, und seine Söhne, die Prinzen Leopold und Ludwig

Entmündigung und Tod

Dr. Bernhard von Gudden, Obermedizinalrat

Anfang Juni 1886 war Ludwig auf Schloss Neuschwanstein mit der Bearbeitung diverser Staatsakten beschäftigt, deren Veröffentlichung in der Tagespresse halbe Zeitungsseiten füllte.

Zur gleichen Zeit wurden in München die Vorbereitungen zur Entmündigung des Monarchen getroffen. Als der König nun aber in den ersten Monaten des Jahres 1886 begann, sich nach einem neuen Kabinett umzusehen, gerieten die Minister unter Druck, wollten sie ihr Vorhaben durchsetzen, Ludwig zugunsten seines Onkels Luitpold abzusetzen. Besonders Ministerpräsident Lutz hatte hierzu hervorragende Vorarbeiten geleistet, indem er vor allem den Bayerischen Landtag mit sei-

Graf Holnstein, kgl. Oberst-Stallmeister

Freiherr Johann von Lutz, kgl. Ministerpräsident

Dr. Emil von Riedel, kgl. Minister der Finanzen

Freiherr Krafft von Crailshaim, kgl. Minister des Äußeren

nen zerstrittenen Parteien auf einen Nenner gebracht und sich das freundschaftliche Vertrauen des preußischen Gesandten gesichert hatte. Obermedizinalrat und Chef-Irrenarzt Dr. von Gudden sollte ein Gutachten gegen den König erstellen. Der eher widerstrebende Prinz Luitpold war, geschoben von seinen Söhnen, in Stellung gebracht, die königlichen Hofämter waren informiert und Oberst-Stallmeister von Holnstein wurde zum aktiven und resoluten Mitstreiter. Sogar die katholische Kirche, der Ludwig, durch seinen Glauben gestärkt, stets kritisch und distanziert gegenüberstand, hatte Lutz gewinnen können. Besser, umsichtiger und umfassender konnte ein Staatsstreich nicht vorbereitet sein.

Und so geschah es dann auch. In der Nacht zum 12. Juni wurde Ludwig auf Neuschwanstein eröffnet, dass er wegen Geisteskrankheit entmündigt und abgesetzt worden sei. Noch in dieser Nacht brachte man ihn nach Schloss Berg, wo er bis zur vollständigen Genesung verbleiben sollte. Erstaunt mussten die Ärzte feststellen, dass sich Ludwig nicht wie ein Geisterkranker gebärdete. Ruhig unterhielt er sich mit seinen Ärzten und plante, sich in den nächsten Tagen seine Bibliothek nach Berg kommen zu lassen, ein Wunsch, den man ihm gerne gewährte.

Ludwigs Festnahme auf Schloss Neuschwanstein

Gudden verlässt mit dem König Schloss Berg zum letzten Spaziergang

Am 13. Juni, dem Pfingstfest, hatte es den ganzen Tag geregnet. Trotzdem bat Ludwig am Abend um einen kleinen Spaziergang. Gegen 18 Uhr verließen er und Doktor von Gudden das Schloss. Auf ausdrücklichen Wunsch des Arztes sollten die Pfleger nicht folgen. Als sie nach zwei Stunden nicht zurück waren, wurde Alarm gegeben und der Park nach ihnen abgesucht. Man fand die beiden Männer tot im Starnberger See. Der kgl. Staatsminister Freiherr von Crailsheim gab bekannt, der König habe mit Doktor von Gudden einen Spaziergang unternommen, während dem er habe flüchten wollen. Als der Arzt versuchte, ihn zurückzuhalten, habe der König ihn getötet. Dann sei er selbst in den Fluten ums Leben gekommen. Alle Anwesenden wurden auf diese Wahrheit eingeschworen und das Kapitel Ludwig in der bayerischen Geschichte für beendet erklärt.

Doch bereits als die Nachricht vom Tode des Königs und vor allem die Umstände, die dazu geführt hatten, die Residenzstadt München erreichten, wurden erste Zweifel laut und bis heute will eigentlich niemand so recht an diese offizielle Wahrheit glauben.

Die Auffindung von Ludwigs Leiche im Starnberger See

Die Wahrheit?

Die Bootsanlegestelle von Schloss Berg mit im linken Bild dem Steg ohne Badehütte, rechts die Badehütte des Königs

Was wohl wirklich geschah, hat uns Prinz Joseph Clemens, der Sohn des Prinzen Alphons von Bayern, überliefert. Nach seiner Schilderung kam der König am Abend des 13. Juni durch einen Unfall ums Leben. Von Possenhofen aus hatten die Brüder der Kaiserin von Österreich den Versuch unternommen, dem König zur Flucht zu verhelfen. Durch Geräusche an der Anlegestelle von Schloss Berg aufgeschreckt, schoss ein übereifriger Polizist und traf eine Person, die sich an der königlichen Badehütte aufhielt. Sofort wurde Alarm gegeben, um dem Angeschossenen zu Hilfe zu eilen. Als man ihn aus dem Wasser zog, erstarrten die Umstehenden: Es war der König, der unmittelbar darauf an einer der Schussverletzungen verstarb. Im Bewusstsein, unter gröbster Vernachlässigung seiner Pflichten in eine Verschwörung höchsten Ausmaßes verwickelt worden zu sein, konnte sich Dr. von Gudden nun ausrechnen, dass am Ende er derjenige war, der als der Schuldige für alles gerade zu stehen hatte: Er war es, der

Prinz Alphons von Bayern mit seinem Sohn, Prinz Joseph Clemens

das Gutachten verfertigt und den König für geisteskrank erklärt hatte. Damit war er mit Sicherheit erledigt, Grund genug, dieser Schande durch seinen Freitod zuvorzukommen. Nun war der Weg frei für die Legende, die so wunderbar ins Bild eines geistig umnachteten Monarchen passte.

Um etwaige Spuren zu verwischen, wurde die Badehütte umgehend abgerissen, was durch zwei zeitgenössische Presse-Illustrationen belegt werden kann: Am 26. Juni 1886 brachte die „Leipziger Illustrierte" einen Bericht über die Vorgänge des 13. Juni mit einer Zeichnung von Robert Aßmus. Auf ihr der Badesteg, der in die königliche Badehütte mündete. Auch „L'Illustration", eine französische Zeitschrift, berichtete über die Ereignisse. Auf der begleitenden Zeichnung ihres Korrespondenten de Haenen ist am linken Bildrand zwar noch der Badesteg, aber nicht mehr die daran anschließende Badehütte des Königs zu sehen. Da Aßmus schon im Vorfeld der Tragödie aktuelle Berichte an Ort und Stelle illustriert hatte, war seine Zeichnung wohl bereits vor dem 13. Juni entstanden, die von de Haenen, als aktueller Beitrag zum bereits Geschehenen, offensichtlich erst nach dem Tode Ludwigs.

Während der Aufbahrung des Königs kam es vor der Residenz zu einer wütenden Kundgebung gegen den Prinzen Luitpold, der als Prinzregent die Nachfolge Ludwigs angetreten hatte. Um einen Übergriff auf die Residenz zu verhindern, wurde die aufgebrachte Menge von berittener Polizei auseinander getrieben, ein Zwischenfall über den nur in der Auslandspresse berichtet wurde, den aber Prinzessin Maria de la Paz in einem Brief an ihre Mutter bestätigte

„Diese Blätter waren Zeugen des unglücklichen Todes unseres Königs und wurden gepflückt d. 18. Juli 1886 in Schloss Berg." Stumme Zeugen an den Tod des Königs aus dem Nachlass der Prinzessin Adelgunde von Bayern

Der verstorbene König wurde in Schloss Berg aufgebahrt, von wo aus er in der Nacht vom 14. Juni über Percha und den Forstenrieder Park nach München überführt wurde. Gegen ein Uhr kam der Trauerkondukt in Sendling an und eine Stunde später hielt der König seinen letzten Einzug in die Residenz. Nach der Obduktion und der Einbalsamierung des Leichnams wurde er in der Hofkapelle aufgebahrt, wo nun auch das Volk von ihm Abschied nehmen konnte.

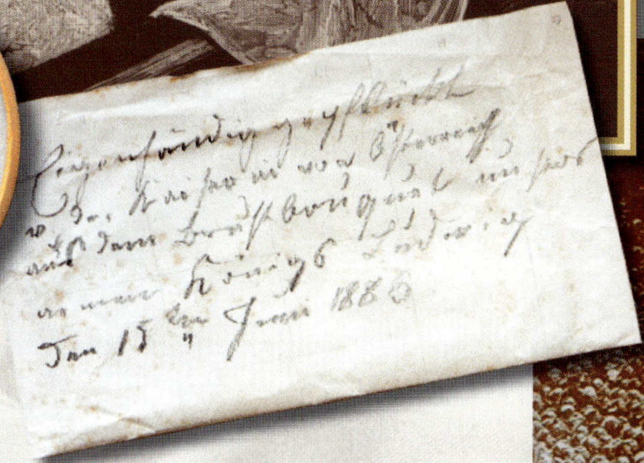

Eigenhändig gepflückt v. d. Kaiserin von Österreich aus dem Brustbouquet unseres armen Königs Ludwig den 15ten Juni 1886

„Eigenhändig gepflückt v. der Kaiserin von Österreich aus dem Brustbouquet unseres armen Königs Ludwig, den 15ten Juni 1886." Blüten aus dem Jasminstrauß, den Kaiserin Elisabeth dem verstorbenen König in die Hand legen ließ

Der König ruhte im schwarzen Ornat als Großmeister des Haus-Ritter-Ordens vom heiligen Hubertus auf dem Ordensmantel, dessen weißes Atlasfutter in Falten über den Sarg auf das Hermelin herabfiel. Seine linke Hand hielt das Ordensschwert, die Rechte den kleinen, von der Kaiserin von Österreich in Feldafing gepflückten Strauß weißer Jasminblüten.

Die Beisetzung fand am darauf folgenden Samstag statt. Aus dem ganzen bayerischen Oberland, aus Niederbayern, Franken und Schwaben waren Tausende von Menschen in Sonderzügen angereist, um ihrem verstorbenen König die letzte Ehre zu erweisen. Ursprünglich sollte der Trauerzug von der Residenz aus über den Marienplatz geführt werden, in Anbetracht der Menschenmassen, die zur Beisetzung angereist waren, entschloss man sich, einen größeren Weg über die Briennerstraße, den Königsplatz, die Sophienstraße und den Karlsplatz zur St. Michaelskirche zu nehmen. Dicht gedrängt standen die Trauernden entlang des Weges, als sich kurz vor zwölf Uhr, unter dem Geläut der Münchner Glocken und dem Donner der im Hofgarten postierten Kanonen, der feierliche Trauerzug in Bewegung setzte. Als dann etwa eine

Der Leichenzug König Ludwigs II.

Das Sterbebildchen
König Ludwigs II.

Fiat voluntas tua.

Zur frommen Erinnerung
an
SEINE MAJESTÄT
König Ludwig II. v. Bayern
geboren den 25. August 1845,
gestorben den 13. Juni 1886.

„Jetzt bleiben Glaube, Hoffnung und Liebe, diese drei; das Grösste aber unter diesen ist die Liebe.“
1. Kor. 13, 13.

R. I. P.

Druck von A. Miller und Sohn in Traunstein.

Stunde später der Sarg des Königs aus der Residenz herausgetragen wurde, riss der bis dahin tief verhangene Himmel auf und die Sonne begleitete den Monarchen auf seinem letzten Weg durch die Residenzstadt. Kurz bevor der Sarg St. Michael erreichte, zogen wieder schwarze Wolken auf und ein heftiges Gewitter entlud sich über München, bei dem, wie als himmlisches Zeichen, ein kräftiger Blitz in das Kreuz der Michaelskirche einschlug.

Nach dem feierlichen Requiem wurde der König in einem prunkvollen Sarg in der Fürstengruft, inmitten seiner verstorbenen Ahnen und neben seinem geliebten Onkel Adalbert, beigesetzt.

Die Aufbahrung des Königs in der Kapelle der Münchner Residenz

Schloss Fürstenried vor den Toren Münchens

König Otto I. am Fenster von Schoss Fürstenried

Otto I. König von Bayern

Nach dem Tode König Ludwigs II. richteten sich alle Blicke nach Fürstenried, dem kleinen Schloss vor den Toren Münchens, in dem Ludwigs Bruder Otto nun seit über zehn Jahren sein Dasein fristete.

Nach dem Deutsch-Französischen Krieg begannen die gesundheitlichen Probleme, die langsam zu seiner geistigen Umnachtung geführt hatten. Zuerst wurde er in Nymphenburg behandelt, als sich jedoch keine Besserung einstellen wollte, wurde Schloss Fürstenried zu seinem ständigen Sanatorium. Mit dem Tode Ludwigs war nun Otto als König Otto I. bis zum Ende seines Lebens Bayerns Monarch. Für ihn regierte sein Onkel, der von nun an den Titel Prinzregent Luitpold trug. Ihm folgte 1912 sein ältester Sohn Ludwig. Durch eine Verfassungsänderung ließ er 1913 den in Fürstenried noch lebenden Otto absetzen und sich selbst zum König ausrufen. König Otto I. verstarb am 11. Oktober 1916. Zwei Jahre später wurde König Ludwig III. gestürzt.

OTTO I. KOENIG VON BAYERN

Die feierliche Überführung der Herzurne Ludwigs II. in die Gnadenkapelle von Altötting

Die Herzurne König Ludwigs II.

Altötting

Am 16. August 1886 wurde das Herz König Ludwigs II. nach Altötting überführt und unter großer Anteilnahme der Bevölkerung mit einer feierlichen Prozession zur Walfahrtskapelle geleitet, wo es in einer Mauernische gegenüber dem Gnadenbild und neben den Herzen seines Vaters und Großvaters seine letzte Ruhe fand.

Die Mauernische mit den Herzen Ludwigs I., Maximilians II. und Ludwigs II. in der Gnadenkapelle

Wenn Ludwig mit seinem Tod
in den Fluten des Starnberger Sees
auch am 13. Juni 1886 diese
Daseinsebene verlassen hat,
seine sterbliche Hülle in St. Michael
und sein Herz in Altötting ruhen,
so ist er doch in den Herzen seines Volkes
immer lebendig geblieben;
von einem Genius den Fängen der
Wassergeister entrissen und entführt in den
Himmel der bayerischen Märchenwelt.

Literatur:

Als Literatur standen dem Autor neben dem eigenen Archiv nachfolgende Werke als Quelle zur Verfügung:

- *Adalbert Prinz von Bayern: Vier Revolutionen und einiges dazwischen, München 1932*
- *Georg Baumgartner: Königliche Träume, München 1981*
- *Gottfried von Böhm: Ludwig II. König von Bayern, München 1924*
- *Hans Gerhard Evers: Ludwig II. von Bayern Theaterfürst – König – Bauherr, Gedanken zum Selbstverständnis, München 1986*
- *Gisela Haasen: Ludwig II. Briefe an seine Erzieherin, München 1995*
- *Karl von Heigel: König Ludwig II., Stuttgart 1893*
- *Hans Keller: Der König, Beiträge zur Ludwigsforschung, München 1967*
- *Louise von Kobell: König Ludwig II. von Bayern und die Kunst, München 1898*
- *Heinrich Kreisel: Die Schlösser Ludwigs II. von Bayern, Darmstadt o.J.*
- *Hans F. Nöhbauer: Auf den Spuren König Ludwigs II., München 1986*
- *Werner Richter: Ludwig II. von Bayern, München 1939*
- *Anton Sailer: Bayerns Märchenkönig, München 1961*
- *Jean Louis Schlim: Schloss Hohenburg, München 1998*
- *Jean Louis Schlim: Ludwig II. – Traum und Technik, München 2001*
- *Marcus Spangenberg: Der Thronsaal von Schloss Neuschwanstein, Regensburg 1999*
- *Georg Jacob Wolf: König Ludwig II. und seine Welt, München 1925*

Alle Bilder und Memorabilien: Sammlung Jean Louis Schlim, München

Besuchen Sie uns im Internet unter www.nymphenburger-verlag.de

Schutzumschlagmotiv: Porträt König Ludwigs II., das einst in der Residenz auf seinem Schreibtisch stand; Kerze mit bayerischer Raute und Bourbonen-Lilien aus dem Nachlass seiner Verlobten, Herzogin Sophie Charlotte.
Satz und Gestaltung: Ulrike Storch
Gesetzt aus: Bembo, Cezanne
Druck und Binden: Offizin Andersen Nexö, Leipzig
Printed in Germany
ISBN 3-485-01066-9